우주와 인간, 과학과 신앙의 관점에서 인류 미래에 대한 소고

| 저자 이상준 |

새로운 용어

200년 후의 미래에 대한 추론이기 때문에 새로운 용어가 만들어져야 하므로 그 용어에 대한 해석을 간략히 정리했다.

번호	용어		용어의 뜻
	한글	영어	
1	가상계 공간	Cyber space (Cypace)	지구계와 우주계를 완전 재현한 가상공간
2	모태인	Wombed human (WH)	남녀가 사랑으로 자궁에서 잉태 출생한 인간으로, 신으로부터 생명과 영혼을 부여 받은 인간 (영적인간이라고 할 수 있다)
3	물리적 에너지	Physical energy	자장, 빛, 만유인력 같은 물리적 에너지
4	바이오 반도체	Bio-semiconductor (Bicon)	생체와 반도체를 융합한 반도체, DNA 특성을 이용한 반도체
5	스마트 우주소재	Smart universal material (Smart uniterial)	환경에 스스로 적응하는 지능 소재
6	사고동조 시스템	Thinking synchronous system.	인간과 같은 시간에 같은 생각을 할 수 있는 인간 로봇 공조시스템
7	신성계	Sacred world	신의 세계
8	외계우주 생명체	Extra terrestrial (ET)	지구 밖에 존재하는 생각하는 생명체
9	우주계	Universal system (Unisys)	지구계, 태양계, 은하계 및 그 외 우주를 포함하는 전체 우주
10	우주에너지	Universal energy	자장, 빛, 만유인력 등 우주에 존재하는 에너지
11	원자에너지	Atomic energy	원자의 내의 인자들에 간에 발생하는 물리적 에너지
12	유신인 (類神人)	Godlike human	공간, 생명의 신비를 벗기고 신의 세계에 가까이 진화한 인간
13	인공태양	Artificial sun (Artisun)	인간이 인위적으로 제작한 태양과 같은 기능을 하는 물체 또는 위성

번호	용어 한글	용어 영어	용어의 뜻
14	인조우주인	Bio-artificial alien (BAA)	모태인이 우주개발을 위하여 인위적으로 진화 시킨 우주인, 생명공학 기술로 인조자궁에서 우주개발 목적으로 배양시킨 부모가 없는 인조인간, 모태인간에서 영혼이 배제된 우주특화 인간. (모태인과 우주로봇의 중간이며 인간 친화적이다)
15	인조지구인	Bio-artificial earthian (BAE)	모태인이 지구에서의 일에 적합하게 특화 시킨 지구인, 생명공학 기술로 인조자궁에서 지구의 생활에 적합하게 배양시킨 부모 없는 인조인간, 모태인간에서 영혼이 배제된 노동특화 인간 (모태인과 기계로봇의 중간이며 인간 친화적이다)
16	극소인체 컴퓨터	Super micro human computer	인체에 내장하는 초소형 컴퓨터
17	지구계	Earth system	지구를 중심으로 달까지의 공간으로 이루어 지는 소 우주
18	지능화사회 서비스 시스템	Smart social service system	우주시대에 필요한 모든 공공 서비스를 지원하는 자동화시스템
19	초광속우주선	Superluminal spaceship (Super spaceship)	광속 보다 빠른 우주선
20	초광속통신	Superluminal communication (Super com.)	광속 보다 빠른 통신
21	초지능 운전시스템	Super intelligent operating system (Super IOS)	초광속우주선을 운전하기 위한 지능 시스템
22	휴봇트	Human and robot interface synchronizing system (Hubot)	인간과 로봇을 일체화 하여 동조하게 한 시스템

글을 쓰며

200년 후
2222년 인류는 어디에 있을까?

어떤 인류문명이 새로 등장을 하게 되고
그 문명 속에서 인류는 어떤 생각을 하며
어떤 모습으로 삶을 영위하게 될 것인가?

이러한
인류 미래에 대한 관심과 의문은
누구나 가지고 있지만

우주, 생명, 시간, 영혼, 등의
복잡하고 다양한 분야에 대하여
여러 측면에서 관찰하고 추론하기 위하여는
어느 정도의 분야 별로 관련된 정보가 필요하고
다소 전문적이며 다양한 경험을 필요로 한다.

필자가

80여년 살아오면서 경험하고 획득한

소박한 정보와 지식과 경험을 바탕으로

초보적이지만

추론적 명상으로

전문적 용어를 피하고

보편적 인문학적 표현으로

쉽게 공유 공감할 수 있도록

글을 쓰고자 노력을 하였다.

우주과학 정보과학 생명과학이

인류의 미래에 미칠 수 있는 영향을

인류 생활의 영역에서

공간, 시간, 에너지, 생명과 건강,

사상과 이념, 사회와 생활, 신앙의 측면에서
어떤 영향과 변화를 초래할 것인지 하는 것을
가볍게 추론해 보았다.

또

인류의 과거가 현재에 인과가 있듯이
현재는 미래에 어떤 인과의 고리가 될 것이며
그 인과응보는 영원한 과제인 인간과 신의 관계에
어떤 의미가 있을 지에 대하여 생각을 하며

이 글이
개인과 사회, 과학과 산업,
정치와 경제, 인간과 신앙의 측면에서
우리가 무엇을 생각하고 준비해야 하는지에 대하여
깊지는 않지만 가치 있는 명제가 될 수 있도록

―――――――――――

글을 읽어 주시는 분들과

함께 고민해 보고 싶어서

이 글을 쓸 수 있는 용기를 내 보았습니다.

　　　　　　　　　　　　　　　2022년 1월

　　　　　　　　　　　　　　　雪松 李尙竣

　　　　　　　　　　　　　　　　古宅에서

Contents

새로운 용어 ● 02

글을 쓰며 ● 04

chapter 1	인간 삶의 세계 _ 10
chapter 2	200년 후 우리는 어디에 있을까? _ 26
chapter 3	우주시대 _ 42
chapter 4	초광속 우주선 _ 62
chapter 5	우주에너지 _ 84
chapter 6	생체반도체 _ 108
chapter 7	초광속통신 _ 116
chapter 8	3개의 공간 _ 128
chapter 9	시간의 개념 _ 134
chapter 10	산소와 수소 _ 142
chapter 11	우주인 _ 152
chapter 12	종의 분화 _ 180
chapter 13	영생불사 _ 188

chapter 14	수명과 건강 _ 228
chapter 15	미래의 인종 _ 236
chapter 16	미래의 의식주 _ 252
chapter 17	환경 _ 272
chapter 18	사회와 이념 _ 280
chapter 19	인간과 다른 생명체 _ 336
chapter 20	5차원의 삶 _ 340
chapter 21	지구의 역사 _ 346
chapter 22	미래에 대한 명제 _ 354
chapter 23	신과 인간 _ 362
chapter 24	영혼에 관하여 _ 386
chapter 25	우주미래학 _ 400

CHAPTER 1

인간 삶의 세계

인간이 삶을 추구하는 양식에 대하여는
역사적 관점에서 몇 가지로 대별해 볼 수 있다.

1-1. 유물적 욕망

가장 원초적인 것은

부와 권력 그리고 명예 등

유물적 가치에 대한 추구 방식이다.

이것을 획득하고 소유하기 위하여

목숨을 걸고 약육강식의 쟁탈전을 한다.

고대의 부족 전쟁에서부터

그리스의 알렉산드로스 대왕, 로마의 카이자르,

나폴레옹과 히틀러 같은 정복자들의 이야기와

근대의 전세계적인 식민지 정복과 흑인 노예가

그 대표적인 모델이 될 것이다.

획득한 권력, 부, 명예로

더 넓은 공간을 소유하고

더 멋있고 행복하고 안락한 삶을 영위하고

더 건강하게 장수하고 존경받고 싶은 욕망을 충족하며

군림하고자 했었고 지금도 그렇게 하고 있다.

1-2. 관념적 욕구

다른 측면에서는

지성 이성 감성 등

관념론적 추구 방식이다.

이것은 주로 내재적인 요소인

자아와 자연의 본질에 대한 가치를

인식하고 발견하기 위한 관념적 추구이다

이 가치는

지식과 지혜에 대한 추구를 통해 얻는 이성적 가치와

음악 미술 시 등 예술 세계에서 얻는 감성적 가치의 추구다.

서구에서는
그리스의 소크라테스가 인간의 삶의 가치를
관념론적 측면에서 사유하고 강론했으며

플라톤을 거쳐 아리스토텔레스는
관념적 세계와 유물적 세계의
두 관점을 모두 사유했으며
이 시대부터 관념론과 유물론이
분리 인식되기 시작해서 철학과 과학의 영역이
분화되기 시작했다고 볼 수 있다.

술통 속의 철학자로 유명한 디오게네스와
세계를 정복한 권력자 알렉산드로스 대왕의
햇빛에 대한 대화처럼

한쪽은 관념적 우주의 소유자였고,
다른 한 쪽은 유물적 세계의 지배자였다.

각자 자기가 추구하는 세계에서
당대 최고의 경지에 이르러 있었던 두 사람은
그들의 세계에서 만족하고 자존감을 가지고 있었다.

1-3. 영성적 소망

또 하나의 다른 측면은
신의 불가침 성역인 영성과 영혼의 탐구를 통한
신앙적 영역에 대한 도전의 역사가 있다.

영혼은 신이 인간에게만 부여한 가치이며
영성은 영혼에 의하여 나타나는 인간의 본질이다.

성경의 바벨탑에서 보듯이
신의 영역인 우주 생명 영혼에 대한
인간의 호기심과 도전은 계속되어 왔다.

기독교의 천당이나 불교의 극락은

신앙적 관념론적 우주관에 속한다고 할 수 있다.

고타마 싯다르타는 2천5백년 전에
인간의 본질을 탐구하여 깨달음을 얻어
고뇌를 벗어나도록 가르침을 주셨고,

예수 그리스도는 2천년 전에
고통받는 인간을 구제하기 위하여
사랑과 용서를 몸으로 실천하시며 보여주셨다.

인간이 성자가 되어 신격으로 승화를 하였든
신이 인격화 되어 인간이 됐었든

두 성자가 인간에게 가르침을 준 것은
정신적 가치와 영성적 가치에 대한 것이다.

인간이
유물론적 측면이든 관념론적 측면이든
궁극적으로 신의 영성적 능력에 도전하는 것이
최종의 목적이라 할 수 있다.

이렇게

인류는 지금까지

신의 불가사의한 영성적 성역이었던

우주에 대하여,

과학자들에 의한 유물론적 연구와

철학자들에 의한 관념론적 탐구가

계속되어서

신의 불가사의한 성역을

인간의 영역으로 공유하는 과정이 이어지면서

오늘의 우주관을 형성하게 되었고

계속되는 탐구와 실험으로

인류는 예측가능한 미래의 우주사회를 향해

끊임없는 진행을 계속 할 수 있게 되었다.

1-4. 깨달음

예수그리스도는

원수를 사랑하고 용서하라고 했다.

사랑은

인간이 누릴 수 있는

행복의 최고 가치이다.

용서는

인간의 가장 큰 심적인 고통을

치유하는 최고의 처방이다.

이것은 보통의 인간은

얻을 수도 행할 수도 없는

최고의 가치이다.

싯다르타는

모든 고통의 근원은

마음의 차별과 욕심에서 기인하는 것이라 했다.

그래서

공즉시색이요 색즉시공이라 설파를 하고

모든 것을 내려 놓으라고 했다.

노자는

무위자연 하며

소박하고 유연한 삶이

무릉도원에 이르는 길이라 하였다.

무와 유는 상대적이지만 하나이다

꿈속의 나비와 생시의 자신을 비유한 말은

그의 사상을 대표하는 명상이다.

깊이 알지는 못하지만

이 세 분 성인의 대표적인 사상을 거론한 이유는
이 성인들은 이 깊은 사상을 어떻게 얻었을까?

보편적 지식의 터득은 배워서 얻는다.
배움이 아니고 스스로 인지하는 것을 자각이라고 한다.
이것을 순수한 우리말로 깨달음이라고 한다.

인간의 사고력의 한계를 벗어난 깨달음을
일반적으로 초월(超越)이라고 한다.

예수 그리스도는 인간을 위하여
자신의 고통과 고뇌와 죽음을 초월하여
사랑과 용서를 실천하셨고,

싯다르타는 고뇌와 고통의 깊은 성찰을 토하여
깨달음을 얻고 모든 번뇌를 벗어나 해탈을 하였다.

노자는
인간은 땅에서 배우고
땅은 하늘에서 배우고
하늘 위에는 도가 있다고 했다.

그는 스스로 이 도를 실천하며
검소하고 유유자적 무위자연(無爲自然)의 삶을 실천했다.

이런 성인들의 깨달음은 실체적 대상이 없는
순수한 관념적 가치에 대한 것이다.

이 육감으로 인지할 수 없는
이 관념적 깨달음은 어디로부터 얻어지는 것일까?

이것은 영감이고 영감은 영성적 능력이고
영성적 능력은 영혼의 영역에 존재하는 것이다.

이러한 영성적 능력은
이 성인들과 마찬가지로 과학자들에게도 나타나고 있다.

뉴턴의 만류인력, 갈릴레오의 지동설,
멘델레예프의 주기율표, 아인슈타인의 상대성 이론,
Digital 정보처리 기법, DNA인자에 의한 생명의 근원 발견
이러한 일년의 과학자들의 발견은

그 역시

성인들과 마찬가지로 깊은 고뇌와 명상을 통하여

영성적으로 그 깨달음에 도달한 것이라고 생각하게 된다.

특히 노자의

꿈 속의 나비가 진짜 자아인가

현재의 내가 진짜 자아인가 하는 독백과

싯달타의

공즉시색 색즉시공

즉 유와 무는 차이가 없는 것이라고 설파 하는 것은

아인슈타인의

상대성 원리에 의한 공간과 시간의 개념과

무엇인가 같은 맥락의 깨달음 같은

생각마저 하게 한다.

앞으로 인류가

우주 개발을 하는 과정에서

지금까지 초월적인 성인들과 과학자들이

지구에서 깨달음으로 얻은 지혜와 지식을 넘어서

더 높고 넓은 관념적 유물적 세계가 열릴 것으로 생각한다.

CHAPTER **2**

200년 후 우리는 어디에 있을까?

인류는 200년 후에
어떤 모습으로 존재하게 될 것인가?

인류의 역사는
신과 인간의 교감의 과정이다.

2-1. 신의 영역

인간에게 있어서 신의 영역으로써

신성불가침의 영역은 크게 네 가지가 있다.

우주, 시간, 생명, 영혼의 신비이다.

이 네 가지 신의 영역은

감히 침범할 수 없는

두려움과 신앙의 대상이었다.

2천여년 전 까지도

이 네 가지 영역에 대해서

인간이 함부로 논하는 자체가

신의 분노를 사서 재앙을 자초하는

원인이 된다고 인식되었다.

우주의 현상인 천재지변
생명의 현상인 갑작스러운 죽음
영혼의 현상인 정신이상 등은

신을 노엽게 한 응징이라 생각했다.
정치 권력 외에 신권이 별도로 있어서
정치에 깊게 관여를 하였으며

대표적인 것이 중세의 로마법왕이다.
왕권 위에 신권이 군림했던 것이다.

2-2. 호기심과 과학

인류가

유사시대로 접어들면서

호기심 많은 연구가들은

신성불가침 영역을

과학적 논리적 사고로

들여다보기 시작하였다.

그 중에 가장 먼저 열린 것이

우주공간의 신비이다.

지동설이 천동설을 밀어 내면서

우주는 절대 불가침의 성역에서

과학적 연구의 대상으로
벽이 무너지기 시작했다.

중세 신권의 최고 존엄이었던
로마 법왕은 이 신성불가침을
뒤집으려 하는 과학을 용납할 수가 없었다.

지동설을 공개적으로 주장했던
갈릴레오를 화형의 제물로 하여
신의 영역을 지키려 했지만

과학자들의 계속된 연구는
시인들의 낭만의 대상이었으며
신권의 고유의 영역이었고 두려움의 대상이었던

일식과 월식을
태양과 지구와 달의 자전과 공전의 관계로
과학적 논리를 정립하고 증명함으로써
신권의 진실을 열어 가기 시작했다.

이렇게 신성의 대상이

인간의 영역으로 벽이 무너지면서

지식의 개벽이 일어나기 시작한다.

2-3. 우주의 문이 열리다.

약 삼천 년 전부터 인간은

신의 성역을 과학적 지식으로 허물기 시작하여

우주의 신비를 벗기는 문명의 길을 달려오며,

기계화의 근대사를 넘고

정보화의 현대사를 지나고 있으며

우주화의 미래사를 향해 가고 있다.

기계화는 인간 근육기능의 극대화를 했고

정보화는 인간 두뇌기능의 극대화를 추구하며

우주화는 인간 삶의 영역을

신성의 영역까지 확대할 것이다.

인간 미래의 정점은
기계화 정보화 우주화를 융합하여

우주와 생명과 시간과 영혼의 영역을
신의 영역에서 인간의 영역으로
개방 공유하는 것이다.

인간은 우주의 벽을 허물어
신의 영역이었던 우주를 인간의 영역으로 개척하며
우주시대를 열어 가는 것을 진행하고 있다.

우주시대는
인간이 단순히 우주를 여행하고 우주공간을 개척하고
우주에서 자원을 구하는 것으로 종결되는 것이 아니다.

2-4. 우주문명으로 진화

지구문명을 벗어나

새로운 우주의 섭리와 과학의 법칙이

발견되고 개발되며,

지구와 우주의 벽이 무너지고

우주로 향한 개벽의 시대가 열리면서

우주에 적합한

새로운 종의 인류가 분화 탄생하는

상상을 초월하는 변화가 일어나게 될 것이다.

우주인으로 분화는

인간이 또 하나의 신의 세계였던
생명의 관장 능력을 많은 영역에서
인간이 공유하게 되는 것이다.

이제 인간은
생명공학기술을 이용해서
다윈의 자연진화를 초월하여
스스로 우생학적 진화를 하며
생명을 관장하고 창조하게 될 것이다

그렇게 하여
인간의 영역과 신의 영역의 벽이
우주와 함께 생명의 영역까지
또 하나 더 무너지게 된다.

이런 과정을 거쳐
우주시대의 도래는
신과 인간의 마지막 관문인
영혼의 신비 앞에 이르게 될 것이다.

2-5. 우주관과 우주과학의 법칙

신과 인간의 마지막 벽은

우주 저 밖에 존재할 지도 모르는

영혼의 세계로 들어 가는

관문을 통과하는 것이 될 것이다.

개벽의 연속이 될 우주시대에는

지구계에서 발견했던 자연의 법칙이나

과학적 이론은 상대도 되지 않을 만큼

새로운 법칙과 이론이 발견되게 될 것이며

지구계에는 존재하지 않지만

우주를 구성하고 있는 새로운 원소들이
수없이 발견되게 될 것이다.

지구계의 한계 속에서는
사상적으로 상상할 수 없었던
우주인의 철학 사상 신앙이 발전하게 되고

신과 인간의 교감 통로가 더 열리게 되고,
새로운 우주에 대한 인간의 질서가 정립되면서,

신과 인간의 교감인
신앙에 대한 이념도 재 정립이 되며
현재의 종교의 의미와 가치도 새롭게 정의될 것이다.

고대 무속 신앙에서부터
근대 종교에 이르기까지
종교의 역할은 신앙의 차원과 함께
인간사회의 정신적 물질적으로
아우름의 기능도 해 왔던 것이다.

이러한

신앙적 기능과 물질적 아우름의 기능이
어떻게 변화할 것인가?

미래 우주시대에
현재의 인간의 삶이 존속될 것인가?
아니면 어떤 모습일까?

이제
소크라테스, 플라톤, 아리스토텔레스를 이어
임마누엘 칸트, 게오르크 헤겔, 칼 마르크스로 이어지는
관념론과 유물론의 변증법적 이론은

지구계에서 자본과 노동의 유물론적 대립과 갈등을 넘어
우주계에서 관념론적 신과 유물론적 인간에 대한 관계를 명제로
우주시대의 이념에 대한 연구가 필요하게 되었다.

이러한 논쟁과 연구를 통하여
이념, 정치, 경제에 대한 새로운 우주관이 창시되고
신앙의 개념과 가치가 재 정립될 것이며,

인류는

우주공간에 대한 도전과

생명의 신비에 대한 도전을 넘어

영혼의 영역을 향한 탐구를 계속 할 것이다.

이렇게 하여 2222년에는

인류가 우주시대에 살고 있을 것이다.

과학과 기술의 개발로

공간적으로 우주시대가 열리며

우주시대에 맞는 사회가 전개되고

우주시대에 적합한 철학과 사상이 발전하고

우주시대를 경영하는 우주학이 발달될 것이다.

이러한 과정을 통해서

신과 인간의 관계는

과학적으로 인지할 수 있는

유물적 관점은 거의 정리가 되고

관념적 세계에 대한 것은

더 명확히 정립되고 깊어질 것이다.

CHAPTER 3
우주시대

현대 인류 문명에서
우주를 향한 도전에서 발견되고 개발되는 과학과 기술은
현재도 인류 생활에 많은 영향을 주고 있지만,

미래의 인류의 삶을
현재와는 전혀 차원이 다른 세계로 인도하게 될 것이므로

2222년의 인류의 삶을 인간이 우주에 도전하는 과정과
앞으로 실현될 우주 시대를 전제로 해서 추론하고자 한다.

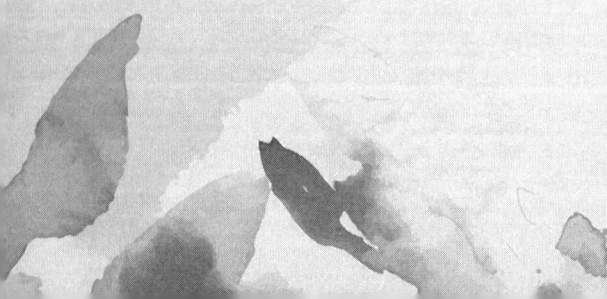

3-1. 인간과 우주

인간은

몇 천 년 전부터 우주를

신비의 세계에서 과학의 세계로

인식하기 시작을 하였고,

수백 년 전 르네상스 시대에는

우주를 신앙의 대상과 함께

과학의 대상으로 이해하고

이론의 정립과 실험을 시작했다.

과학자들은

우주의 형체를 깊이 연구하여

지구와 우주의 물리적 화학적 원리를 발견하고
로켓과 우주선을 이용하여 우주 개척을 위한
연구와 실험 그리고 탐험을 계속 하고 있다.

뉴턴이 만류인력을 발견하고
화학자들이 물질의 원소를 규명하고
코페르니쿠스가 지동설을 주창하면서

인간의 우주를 향한 연구는 깊어지고,
우주 공간의 물리적 역학 관계와
화학적 반응에 대한 이론이 하나씩 정리되면서,

인간의 우주를 향한 꿈이 싹트고,
그 꿈은 많은 공상 과학 이야기를 탄생시켰다.

역사적으로 갈릴레오 같은 수많은 실험학자들은
뉴턴과 코페르니쿠스의 이론을 실험적으로 확인을 하였고,

마젤란, 콜럼버스, 아문센 등은
새로운 천문학적 물리학적 이론을
탐험과 실험으로 증명하였다.

3-2. 과학문명의 시대로

라이트 형제의

유체 공학을 이용한 나르는 기계의 도전은

오늘 날의 비행기를 발명하는 시발점이 되었고

인간이 육상과 해상을 떠나서

공간을 여행하는 시작이 되었다.

에디슨의 전기는

태양을 빛의 신으로 숭배하던 시대를 벗어나

인류가 스스로 빛을 만들어 어두움의 공포를 벗어나는

문명의 세계를 열어가는데 큰 계기를 만들었다.

폭죽에서 시작한 추진체는

2차대전의 V2 로켓으로 발전하고

이 로켓이 제트 비행기를 탄생 시키고

우주선 발사의 추진체로 발전을 한다.

인간은

이러한 천문학적 물리학적

화학적 수학적 법칙과 이론을 찾아 내고,

망원경관 현미경의 발명으로,

인간의 능력을 벗어나 있던

거시 세계와 미시 세계를

인식할 수 있게 되었다.

인간은

잠재된 능력의 개발로 백 여 종의 원소를 찾아내고,

나아가서 인위적 기술로 불안전 원소들을 조작하고,

원소를 구성하는 미립자들까지 찾아 내어

그 원리와 반응을

이론적으로 체계화하고 조작하여

인체 세포의 구성 특징인 RNA, DNA를 찾아 내어
인류문명 발전에 활용하는 기술을 개발하였다.

이러한 이론과 기술은
새 에너지와 신소재 등을 찾아 내고 만들어 내어
다양한 산업 분야가 개척되고 이용되게 된다.

피타고라스와 아르키메데스의 수학과
파스칼의 계산기를 거쳐

2진법의 원리를 이용한
컴퓨터와 반도체의 발명은
고등 수학을 단숨에 풀어 내고
정보를 무한대로 기억하고
인간의 논리적 사고를 스스로 처리하며,

시간을 10억 분의 1초 단위로
세분하여 정밀하게 제어할 수 있게 되어
인공 지능을 가진 파파고가 드디어 등장을 하고
인간이 우주를 개척하는데 필수 수단인
제어 능력의 기초를 제공하게 되었다.

좀 비약 한 논리가 되겠지만

1초 단위의 삶을 살던 인간이

10억 분의 1초 단위로 삶을 영위함으로써

과학적 가치의 생산성을 10억 배로 높일 수 있는

역량을 갖추게 되었다고 할 수 있다.

3-3. 우주 시대로

우주 시대에는
인간이 발견하고 발명한 이러한 이론과 기술로
우주를 개척하고 개발해서

우주를 인간의 삶의 공간으로 확대를 하고
새로운 우주 물질 문명을 발견하고 이용하며
인류의 우주 문화와 사회를 열어 나가게 될 것이다.

이렇게 정립된 이론과 기술을 이용하여
달에 인간이 가고 화성을 비롯하여 태양계에
무인 우주선이 탐사를 하는 우주 개발의 현 위치는,

아직도

연구 개발 및 실험과 탐험의 단계에 지나지 않지만

이제 곧 태양계 안에서는

연구 단계를 넘어 실용화 단계로 진입하게 될 것이며,

무한 우주의 첫 단계인

은하계를 향한 도전을 위하여

'초광속우주선' 개발에 나서게 될 것이다.

그 단계에 도달하는 시간은

중국의 폭죽에서 시작하여

'극초음속로켓'을 발명하는 데 소요된

역사적 시간보다 훨씬 단축되게 될 것이다.

3-4. 인간의 진화

이렇게

인간은 우주 문명 시대를 열어

무한 공간의 우주를 경영하며

우주인의 삶을 영위하게 될 것이다.

이러한 우주 문명 시대를

성공적으로 영위하기 위해서는

현재 인간의 역량으로는 불가능 할 것이다.

현존 인간을 훈련하여 임무를 수행하는 방식은

지구와 달의 영역인 지구계 정도에서 가능 한 것이며,

지구계를 넘어 우주계를 경영할 수 있는
새로운 우주인이 분화 발전해야 될 것이다.

새로운 우주인은
다윈의 우생학적 자연 법칙에 의하여
분화 발전할 수도 있지만,

그것은
수억 년의 시간을 다시 기다려야 한다.

현재 인간의 우주 도전과 성취 야망은
이러한 자연법칙에 의한 시간을 기다릴 수 없다.

결국 인간은
현재까지 개발한 DNA 조작 기술을 이용하여

스스로
우주 시대에 적응하는 우생학적 진화를 하면서,

우주 개발 스펙에 맞추어 특화한 인조우주인과
지구 운영 임무에 적합하게 특화한 인조지구인을

탄생시키게 될 것이다.

특화한 인조우주인과 인조지구인은
남녀가 사랑을 통해서 잉태하고 출생한 인간이 아니라

세포의 기술적 조작 과정을 통하여
인위적 시설 환경에서 배양하고 육성한 인간이다.

이렇게 하여 지적 육체적으로
우주와 지구를 개발하고 경영하는데 필요한
역할을 할 수 있는 초능력을 가진
인조인간이 탄생 출현하게 될 것이다.

이들 새 종의 인간들은
우생학적으로 자연 진화된 종이 아니라
인간에 의해 인위적 방법으로 분화된
새로운 종의 탄생인 것이다.

이러한 분화는
원숭이, 유인원, 인간이
자연적 우생학적 분화 발전을 한 것과 달리

인위적 기술적 방식으로
모태인에서 분화된 것이다.

즉 다윈의 이론에 의하면
유인원이 인간으로 분화 발전하는 데에는
수억 년이 걸렸지만

DNA 조작에 의해
모태인에서 인위적으로 분화한 인조인간의 탄생은
수십 년 내에 현실이 될 것이다.

3-5. 초능력 보조수단

인간이 우주개발에 나서는 데에는

모태인간과 인조인간의 취약점을 보강할 필요가 있다.

지적으로는 인체와 일체화 된

초지능인공두뇌가 필요하고

육체적으로는

우주의 환경에 적응할 수 있는

강력한 로봇근육이 필요하다.

초지능인공두뇌와 강력한 로봇근육을

인간의 육체와 일체화 하여 동조하는

하나의 시스템으로 개발하여
활동복으로 착용을 하게 될 것이며,

이러한 인간과 로봇이 일체화 된 시스템을
'휴봇'이라고 명명한다.

현재의 우주 개발은
기계적인 로봇이 탐사하는 단계에 있지만
궁극적으로 인간은 휴봇의 기능으로
직접 우주를 여행하거나

인조우주인의 우주여행의 과정과 결과를
가상현실과 증강현실을 이용하여
초 현실적으로 공유해야 할 것이다.

현재의 실험적 우주개발의 단계를 넘어서
본격적으로 우주공간을 개발하고 경영하기 위하여는
몇 가지의 핵심 요소들이 극복되어야 한다.

3-6. 우주 개발의 핵심과제

초광속우주선 개발,

인간수명 한계 극복,

우주영양식 개발,

우주통신수단 개발,

초지능두뇌 개발,

우주신소재 개발,

지구 시간과 우주 시간을 연계하는

우주 표준시의 개발

우주인의 이념과 사상,

우주 사회의 법과 질서

이러한 것들이
우주의 환경에 적합하게
진화 또는 개발되어야 하고,

인간은 이러한 우주 시대의 환경에
적응할 수 있는 준비를 해야 한다.

3-7. 우주 시대의 산업과 사회

이 우주 시대와 관련한 산업들이
향 후 50년 내에 5차 산업으로 다가오게 될 것이고,
4차 산업은 이미 지나가는 산업이 되어가고 있다.

자연과학계와 인문과학계는
이러한 기술 개발과 사회학적 연구에
서둘러 투자를 해야만 할 것이다.

최선진국들의 우주 개발은
단순히 군사적 이용이나
통신 이용을 위하여 하는 것이 아니고
우주를 인류의 생활 공간으로 열어 가는

도전을 하는 것이며

우주 개발과 우주 사회에 필요한 모든 분야의 연구가
전문가들에 의하여 진행되고 있는 것이다.

인류 발전사에서
선진국과 후진국, 지배 국가와 식민 국가
주인과 노예의 관계가 만들어졌듯이
우주 개발 시대에 맞추어
준비를 해야 할 기회를 상실하게 되면

우주 개척 시대에서 국가이든 개인이든
이러한 역사적 전철을 밟게 될 것이다.

CHAPTER 4

초광속 우주선

초광속우주선이란
광속을 초월하는 우주이동체를 의미하며,
우주선의 우주공간에서의 이동속도를
초당 30만km 이상으로 극대화하여
광속의 2배 3배 등으로 이동하는 우주이동체인 것이다.

지동설에서 뉴턴의 만유인력을 거쳐
아인슈타인의 상대성이론에 이르는 과정에서
많은 과학자들이 연구한 이론들은
21세기의 우주도전에 이론적 근거가 되었다.

이 이론들은 앞으로 우주개발이 진행되는 동안에
더욱 실험적으로 확인되고 보완되면서

더 높은 차원의 새로운 이론으로 진화되어
인간의 우주개척을 확대해 나가게 될 것이다.

아인슈타인의 상대성이론에 의한
중력과 가속도, 그리고 질량과 빛의 속도에 대한 연구를 통하여
정의한 시공The space time의 개념은 4차원의 세계를 규정하고 있다.

우주공간과 빛의 속도를 극복해야 하는 우주개발의 대 명제를 풀어가
는 과정에서 이 천재과학자들이 발견한 이론이 없었다면
도전 자체가 불가능 했을 것이다.

현재의 우주개발 노력의 과정에서
어느 천재과학자가 신으로부터 영감을 얻어
인간의 우주개발의 최대 장애인
무한 우주공간과 광속을 극복할 수 있는
새로운 우주과학적 이론을 발견할 것이라고 생각한다.

상온에서 초전도체를 발견하여
자기 부상기술을 이용하여 지구를 이탈하면
극저온 상태에서 자장을 이용하는 것은
더욱 효율을 높을 수 있을 것이라 상상해 본다.

이렇게 하여
발명되는 초광속우주선은
일찍이 어느 공상과학소설에서 나온
타임머신이나 은하열차를
연상할 수도 있을 것이다.

4-1. 음속 에서 광속으로

인간은

지구계 안에서 이동을 위하여

초음파의 기술을 개발하였고

그 속도를 제어할 수 있는

자동제어 기술도 개발을 하였다.

그렇지만

그 이상이 되면 인간능력의 한계를 벗어나고

지구계 내에서는 제어가 불가능 해진다.

지구계 내에서

지구와 가장 먼 거리에 있는 별은 달이며

지구에서 달까지의 거리는 약 40만km이고
음속으로는 33시간에 도달할 수가 있고
광속으로는 1~2초의 거리다.

광속의 우주선 보다는
음속의 우주선이 더 적합한 우주 공간이다.

태양계 안에서
지구와 가장 가까운 거리에 있는 별은 화성이고
거리는 약 75백만km 떨어져 있으며
광속으로는 3.5분에 도달을 하고
음속으로는 약 243일이 걸린다.

현존 인간의 신체적 정신적 능력으로
광속의 우주선을 달에 보내기 위하여
그것을 조정하는 것이 불가능 한 것이다.

달이나 화성까지 인간을 보내는 것은
음속 우주선이 더 적합하다.

태양계 안에서

지구와 가장 먼 거리에 있는 별은 명왕성이고

거리는 48억 km이며 광속으로 약 4시간 30분이 걸린다.

그래서

우주를 이동하는데 있어서 초음파의 기술로는

지구계 안에 있는 달을 정복하는 수준 정도에 그칠 수밖에 없다.

태양계를 벗어나

우주의 여행을 하기 위하여는

초광속우주선이 필요해지는 이유이다.

4-2. 시간의 한계 극복

인간이 초광속우주선을 이용해서
우주의 무한 공간을 이동하기 위하여는
광속을 극복해야만 한다.

즉 시간적 한계를 극복해야 하는 것이다.

시간적 한계를 극복할 수 있는
초광속우주선을 제작하기 위하여는
새로운 추진체, 무한에너지, 우주소재가 개발되어야 하고,

나아가서
초광속이동체의 운행을 자동으로 조정할 수 있는

초지능운전시스템이 개발되어야 한다.

초광속우주선을
빛에 실어서 보내는 기술 개발을 해서
광속에 도달하게 한 후에

우주자장과 우주인력의
역학 관계를 이용하여 가속함으로써
광속보다 더 빨리 이동할 수 있는
기술을 개발하게 될 수 있을 것으로
추론을 해 본다.

상대성 이론에 의하면
질량이 있는 물체는 빛의 속도로 갈 수 없지만
우주 과학자들은 이것을 극복하는 과학적 방법을
찾아 낼 것으로 추론을 한다.

4-3. 초전파 시대

광속은 전파의 속도와 같다.

초광속우주선의 속도는

빛과 전자파의 속도를 초월하게 된다.

초광속우주선 시대에 전파의 속도로

우주선과 정보 교신을 하는 것은

유효하지 못하고, 무의미하고, 불가능하게 되므로,

현재의 통신기술로

원격에서 우주선을 유효하게 조정하는 것은 불가능하게 된다.

이러한 문제를 극복할 수 있는

새로운 정보전달 및 제어 수단이 개발되어야 한다.

이러한 한계를 극복하기 위하여
초광속 텔레파시기술을 개발 이용하거나,

지구로부터의 정보전달을 받지 않고
스스로 정보를 처리하고 판단 추리할 수 있는
초월적지능활동기술이 개발되게 될 것이다.

4-4. 우주에너지

초광속우주선은

지구 인력을 벗어 나기 위해

원자력에너지를 이용하고,

태양계를 이동하기 위하여는

현재 초보적인 빛에너지 이용 기술보다

훨씬 더 높은 단계의 이용 기술을 개발해서

빛에너지의 이용을 극대화하여 이용하고,

태양계를 벗어 나면

우주인력과 자장의 이론과 원리를 이용할 것이며

궁극적으로

블랙홀의 에너지를 이용하는

연구도 하게 될 것으로 생각한다.

인류는

자연의 현상에서 불을 발견하였고,

그 불의 원료로 석탄과 석유를 발견하여

화학에너지 시대를 열게 되었으며,

첨단물리화학의 지식과 기술에 의하여

원자력에너지를 찾아내고 이용하게 되었다.

그 원자력 기술을

원자력발전으로 이용하게 되었고,

현재는 소형화 기술이 개발되었으며,

더 나아가서

반영구적 휴대용 발전기와

원자배터리가 개발되어

모든 부문의 동력에너지로

활용되게 될 것이다.

이 원자력 에너지와 빛 에너지 기술과
만유인력, 우주자장을 이용하는 기술은
우주선 추진체의 기능을 극대화하여,

비로서 인간이
직접 태양계와 은하계를 여행할 수 있는 길을
열어 주게 될 것이다.

나아가서
빛 인력 자장 외에
우주에서 이용할 수 있는
물리적 무한에너지를 새로 찾아 내서
무제한 우주여행의 길을 열게 될 것이다.

이 이론과 기술은
인류의 일상생활에서도
무한 청정에너지로 이용되게 될 것이다.

지구계와 태양계를 연결하는 에너지는
원자력이용기술의 발전으로 가능 할 것이며,

즉 인간을

태양계를 넘어서 무한 우주로 연결하는 에너지는

연료 및 산소와 화학적 연소 과정을 위한 시스템이 필요 없는

원자에너지, 빛, 인력, 자장 에너지 외에

새로운 우주의 물리화학적 에너지를 이용하는

이론과 기술을 찾아내어 이용하게 될 것이다.

이렇게 향후 수십 년 내에

인간은 석탄 또는 석유를 이용한 화학적 에너지를 넘어서

화학물리적 에너지인 원자력에너지를 완전히 극복하고,

물리적 에너지인 빛, 인력, 자장 등을

일상 생활에서 활용할 수 있게 될 것이며

더 나아 가서

새로운 불연 무한 우주 에너지를

우주에서 찾아내게 될 것이다.

4-5. 새로운 우주과학 이론

우주 공간에서의

초광속 이동체의 관성과 가속도의 법칙이 재 정립이 되고

한 단계 더 광속 수준을 초월하는 추진력을 위해 이용될 것이다.

초광속우주선의 개발과 운행은

빛, 인력, 자장에 의한 새로운 물리적 저항을

발견하게 되고 이것을 극복해야 하므로

우주 공간의 제반 물리화학적 극한 환경에 맞게

스스로 변환을 할 수 있는 지능을 가진

스마트우주소재가 개발될 것이다.

이러한

우주 에너지 이용 이론의 발전과

신소재 개발 및 제어능력은

우주선의 속도를 완전하게

초광속으로 실현하게 될 것이며

타임머신은 꿈 속에서 현실로 깨어나게 될 것이다.

4-6. 5차원의 삶으로

인간은

지금까지 지구상에서

이차원적 평면적 삶이 주류를 이루었지만,

계속해서 우주를 개발하면서

삼차원적 공간의 삶으로 진화하는 도전의 과정에 있다.

이제 삼차원적 공간의 삶에 도달한 후에는

시간을 초월할 수 있는 삶에 도전하게 될 것이다.

초광속 기술을 이용하여

공간을 영위하는 3차원의 삶에서

찰나에 해당하는 10억분의 1초에서
영겁에 해당하는 광년의 시간을 지배하는
4차원의 삶에 도달하게 될 것이다.

이 경지에 이르게 되면
신의 영역을 들여다볼 수 있게 될 것이며
시공을 초월한 신의 세계를 영위할 수 있는 5차원의 삶
즉 영혼의 세계에 도전하게 될 것이다.

5차원의 삶은
바로 인간의 숙원인
무병영생 하는 신의 세계가 아닐까?

인간이 신의 세계로 진입한다는 것은
인간이 신격에 준하는 경지로 승화하여
인격으로써 존재하는 것을 종료한다는 것을
의미하는 것이 아닐까?

이때 이 5차원의 세계,
신격으로 승화는 세계에는
어떤 종의 인간이 관문을 통과할 수 있을까?

관문을 통과하는 순간에
현존하는 인간은 우주에서 조용히 사라지게 될 것인가?

2222년에 인간은
이 관문을 통과하기 위하여
지금 우주개발과 생명개발에 도전하듯
영혼의 세계에 도전하고 있을 것이다.

인간만이 가지고 있는 이 영성적 능력은
어떤 형태로 존재하고 있는 것일까?

인간 육체 또는 두뇌 안에 존재하는 것일까?
새로운 우주과학 이론
우주 공간에서의
초광속 이동체의 관성과 가속도의 법칙이 재 정립이 되고
한 단계 더 광속 수준을 초월하는 추진력을 위해 이용될 것이다.

초광속우주선의 개발과 운행은
빛, 인력, 자장에 의한 새로운 물리적 저항을
발견하게 되고 이것을 극복해야 하므로

우주 공간의 제반 물리화학적 극한 환경에 맞게
스스로 변환을 할 수 있는 지능을 가진
스마트우주소재가 개발될 것이다.

이러한
우주 에너지 이용 이론의 발전과
신소재 개발 및 제어능력은
우주선의 속도를 완전하게
초광속으로 실현하게 될 것이며
타임머신은 꿈 속에서 현실로 깨어나게 될 것이다.

아니면
인간과 신의 끊임없는 교감 행위일까?
어떠한 형태로 존재하고 있는 것일까?

현재는 관념적 상상의 대상이지만
영성의 영역 역시 또 다른 유물적 대상으로
인식할 수 있는 존재일까?

4-7. 초광속 우주선에서

초광속우주선에서 바라보는
태양계의 하늘은 어떤 모습에
어떤 색을 하고 있을까?

은하계의 구름은 어떤 색이며
어떤 변화를 하고 있을까?

인간이 지금까지 느껴보지 못한
또 다른 감동적 우주가 전개되지 않겠나?

우주인은 이런 우주의 하늘과 구름을 보며
어떤 감상을 하며 어떤 시상을 느끼게 될까?

2222년의 인류의 후예들에게도

이태백의 달과 오리온좌의 사랑의 비극

견우직녀의 기다림의 서정적 감성이 살아 있을까?

우주에서

우주인이 느끼는 고독은 어떤 것일까?

인조우주인에게도 고뇌라는 것이 있을까?

고뇌가 있다면 어떤 고뇌일까?

얼마나 저리고 아픈 고독일까?

우주만큼 깊은 심연의 고뇌일까?

그 고독과 고뇌를 위하여

어떤 신앙심에 의지하려 할 것인가?

초과학적 시대에

그러한 정신적 심적 고통을 위하여

그들은 신앙을 인정하고 받아 드릴 수 있을까?

CHAPTER **5**

우주에너지

인간이 우주를 여행하기 위하여는
광속을 극복하고 조종할 수 있어야 된다

광속을 극복하기 위하여는 새로운 추진력이 필요하고,
현재 인류가 사용하고 있는 화석연료 추진체로는
그 목적을 달성할 수가 없다.

5-1. 우주개발과 화석연료

화석연료를 사용하기 위하여는
그 연료를 운반해야 하고,
공기가 없는 우주공간에서 연소를 위하여
연료와 함께 산소를 운반해야 한다.

이를 연소시켜 추진에너지로 변환하는
열처리 및 에너지 전환시스템이 장착되어야 한다.

그러한 시스템을 장착하고 갈 수 없는 거리의 우주나
그러한 시스템이 작동할 수 없는 환경의 우주에는
여행이나 탐사를 할 수 없을 것이다.

무한 우주 공간을 여행하면서
지구로부터 지속적으로 연료를 공급받을 수도 없다.

또 우주선의 사용이 일반화되면
지금의 비행기가 수도 없이 지구 공간을 날라 다니듯이
우주선이 지구와 태양계를 누비게 될 것이다.

화석연료의 연소로 인해 배출되는 공해물질은
지구계와 우주계를 급속도로 파괴하고,
연료 소비의 급격한 증가로
지구의 화석연료를 급속도로 고갈시켜,
인류의 존재자체를 불가능하게 할 것이다.

이러한 문제들은
새로운 우주에너지의 필요성을 제기하게 되고

과학자들은
이러한 우주차원의 에너지를 발견하기 위하여
필사적인 연구를 하고 있다.

5-2. 우주의 물리적 에너지

과학자들은 일차적으로

연소과정이 필요 없는 원자에너지를

집중적으로 연구하고 있다.

원자에너지는

현재 인류가 개발 사용하는 원자력 발전 이외에도

원자의 물리적 화학적 반응과 활동에 의하여 생성되는

모든 에너지를 광의적 총체적으로 뜻하는 것이며

과학자들은

이미 이 연구를 진행하고 있다.

물로부터 수소를 추출하여 연료로 사용하는 것도
광의적으로는 원자와 분자의 물리화학적 원리를 이용하는 기술이다.

원자에너지 외에
빛 자장 만유인력과 같은 물리적에너지도
우주 속에 무한이 존재하고 있다.

과학자들은
인류가 이러한 물리적 에너지를
다양한 목적으로 자유자재로 무한히 사용할 수 있는
이론과 기술개발에 나서고 있다.

우주의 이 에너지 이용은
우주로부터 획득하는 무한 가치가 있기 때문에
경제적 타당성을 충분히 평가받을 수 있을 것이며
에너지 산업의 한 분야로 투자가 확대될 수 있다.

이렇게 개발되는
우주의 새로운 이론과 기술은 지적자산으로 인정이 되고
그 권리와 이익이 법적 객관적으로 보호될 것이다.

5-3. 원자에너지

나무, 석탄, 원유 등은
유기화합물의 대표적 화학 연료인 것이다.

유기화합물이 열에너지로 변환하는 반응의 과정에서
연소 때에 산소가 필요하고,

연소 과정에서 산소가
유기물질의 주요 원소들인
탄소 수소 질소 유황 등과 반응하며
공해 물질을 생성 배출하게 되는 것이다.

원자에너지는
물질의 원소인 원자 속의 인자들인
양자 중성자 전자 등의
물리적 관계와 화학적 반응을 이용하여
열에너지를 생산하는 것이므로,

유기 화합물의 연소와 같은
화학반응의 과정이 필요 없을 뿐만 아니라,

소량으로 막대한 에너지를
반 영구적으로 생성할 수가 있다.
이것을 과학계에서는 양자학이라고 한다.

원자에너지의 이론과 기술을 개발하기 위하여는
물리적 화학적 고찰과 접근이 필요한 것이다.

과학자들과 기술자들의 노력으로
현재 인류가 지구상의 자원으로 얻을 수 있는
가장 청정한 에너지이며

가장 경제적인 에너지로써

원자력을 발전용으로 활용하고,

항공모함 잠수함 등

대형 이동체의 동력으로 활용하고 있다.

나아가서

대형 항공기의 동력 장치로 장착하기 위한

연구가 진행되고 있다.

이 청정 물리학적 에너지를

인류가 활용하는 대에 가장 큰 장애 요소는

사용 과정에서 발생하는 방사능이며

이를 극복하기 위한 과학자들의 연구가 계속되고 있다.

5-4. 소형 및 휴대용 원자력발전기

과학자들은 원자력을 안전하게 이용하기 위하여
연구를 계속하는 과정에서 소형 발전기를 개발하여
마을 단위로 발전소를 설치할 수 있게 되었고,

멀지 않아
가정용 및 휴대용 발전기를 개발하여
개인이나 가정이 구입을 해서
가정발전소를 설치할 수 있고 휴대할 수 있어
어디서나 간편하게 전기를 사용할 수 있게 될 것이다.

휴대용 소형공구에까지 적용하여
내연기관이나 반복 충전을 해야 하는 화학배터리를

대체하는 단계가 현실로 다가오고 있다.

마을형, 공장형, 개인형 원자발전소가 성공하면
대형발전소, 송전선, 변전소, 배전선과 관련된
모든 시설들이 퇴역을 하게 되고

산간 벽지나 오지 및 후진국의 전력문제가 해소가 되고
용도에 따른 맞춤형 자가 발전소의 시대가 도래할 것이다.

5-5. 신개념원자배터리

현재 우라늄을 주로 쓰고 있는

원자력에너지의 이용은

보다 더 안전하고

경제적인 원소를 이용하는 단계로

기술 발전을 하게 될 것이다.

이 기술의 실현은

연료를 계속 충진 하는 내 외연 기관이나,

계속 전기를 충전해야 하는

기존 화학적 배터리 에너지 기관은

지구상에서 퇴역을 하게 되고,

이 원자배터리로 대체가 되어
반 영구적으로 청정 에너지를 공급하게 될 것이다.

5-6. 에너지 시스템의 혁명

원자력 발전기의 안정성의 확보와
소형화 휴대화가 이루어 지면,

모바일통신이
가정용 전화기를 무용화 한 것과 같이,
기존의 발전소, 송전, 변전, 배전의 네트워크 시스템은 살아지고
개인용 휴대용 에너지 기기를 이용하게 될 것이다.

지금의 엔진공구나 배터리공구에는
동력원이 없어지게 되고
기계적 기능만 남게 되며,

모든 공구의 동력 에너지는

반영구적인 가정용 및 개인 휴대용 원자배터리에

연결해서 사용하는 것으로

산업 시스템에 혁명이 일어날 것이다.

자동차는

내연기관을 대체해서

화학배터리가 장착이 되고 있는데

향후 몇 십년 내에 수명을 다하고,

동력원이 없는

기계적 전기적 차체만 생산해서 공급하고

동력에너지는 각 가정과 개인이 휴대하는

원자배터리를 사용하게 될 것이다.

그 이유는 동력원인 원자배터리가

차체에 비하여 더 오랜 수명을 가지고 있기 때문이다.

이렇게 모든 동력기계와 이동체는

원자배터리를 사용하게 되고,

이러한 에너지의 사회 시스템의 변화는
의식주를 비롯하여 인간 생활에 모든 분야에서
새로운 대 혁신을 초래하게 될 것이다.

예로써 주유소나 충전소가 없어지고,
현 이동식 주택인 카라반은 에너지를 개인 장착함으로써
사회적 인프라에서 더 자유로워질 뿐만 아니라,
바다를 떠 다니고 공중을 날아다니는
카라반이 탄생하게 될 것이다.

5-7. 광파 전파 자장파

바다의 파도는

그 파고와 파장의 간격과 이동 속도에 의하여

물리적 파장에너지를 생성해 낸다.

과거의 동력 없는 범선은

바다의 바람과 파도와 조류를 이용하여 항해를 하였다.

원자력에너지의 원천은

원자의 구성요소 중에서 양자가 소속된 핵에

물리적 충격을 주어 양자를 이탈시키고,

그것이 제2 제3의 충돌로

1초에 수백억 개의 양자의 물리적 반응을 유발해서
얻어지는 에너지인 것이다.

양자는 오직 물리화학적 실험에 의하여
그 존재를 인식할 수 있는 아주 미시적인 존재이다.

이 양자 하나가 충돌해서 발생하는 열에너지는
인간이 어떤 방법으로도 감지할 수 없는
수백만분의 1카로리에 해당하는 것이다.

그렇지만
그것이 1초에 수백억 개가 반응을 해서
발생하는 열에너지는 어마어마한 것이다.

우주에 존재하는
빛과 자장과 만유인력에는
전자파나 음파와 같은 파장이 있다.
이 파장에도 바다의 파도와 같은 원리에 의해서
어떤 유형의 에너지를 함유하고 있다.

양자의 물리적 반응과 같이

파장 하나 하나의 에너지는 감지할 수 없을 정도로
아주 미미한 것이다.

그렇지만 원자력을 이용하는 개념을 도입해서
그 에너지를 집적하는 기술을 개발한다면
원자력을 능가하는 막대한 에너지를 얻어서
이용할 수 있게 될 것이다.

인간은 이미
자기 부상열차에 자장 에너지를 이용하고,
전자파를 자장에너지로 변환하는 기술을 개발해서 이용하고,
초음파를 이용하는 기술도 상용화 하여 이용하고,
빛을 이용하여 전기에너지를 생산하고 있다.

우주에는
무한한 빛과 자장과 만유인력의 에너지가 작용하고 있다.

이것을 이용할 수 있는 기술을 개발하면
인류는 무한 무공해 에너지를 얻을 수 있게 될 것이다.

광년의 거리에 있는 우주를 여행하기 위하여는

이 우주에 존재하는 각종 파장을 비롯하여
무한한 물리적 에너지를 사용하는 기술을 개발해야 한다.

과학자들은 지구상에서 발견 발명한 이론과 기술로
우주에서의 이론과 기술을 수십년 내에 개발하게 될 것이다.

파장의 물리학적 이론과
반도체의 물리화학적작용과
소프트웨어의 지적작용의 융합으로

과학자들은
이 우주에너지를 인류에게 선물하게 될 것이다.

그리고 그 우주에너지는
인류의 모든 생활에 대 혁신을 가지고 올 것이다.

5-8. 새로운 우주섭리

우주에는 이미 인류가 인지하고 있는 에너지 외에
블랙홀의 흡입 에너지 같이 인류가 아직 인지하지 못하고 있는
에너지가 존재하고 있을 것이다

인간이 직접 우주를 여행하게 됨으로써
우주의 새로운 섭리가 발견이 되고,
과학자들에 의하여 새로운 이론으로 정립되고,
기술자들에 의하여 인류의 삶 속으로 융합될 것이다.

이러한 결과는
인류의 삶의 형태를 바꾸고
사회관계와 정신문화에 대 변혁과 함께

우주사회에 대한 새로운 학문연구를 활발하게 하도록 촉진할 것이다.

5-9. 지구의 오염과 오존층

화석연료에 의한 지구의 오염과 오존층의 파괴는
우주사회에서는 한 지역의 문제가 되고,

물리적 에너지 사용의 결과로
원상 회복이 될 수도 있고,
지엽적 문제로 우주사막으로
폐기된 공간이 될 수도 있을 것이다.

그것은 우주개발 과정에서
지구가 계속 인류의 존재를 위해서
필요한 공간으로 존재 가치가 있을지에 따라
그 운명이 결정될 것이다.

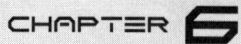

생체반도체

인간이 광속으로 여행하며 접하게 되는 우주는
새로운 경험의 대상으로 다가오게 되고

지구의 지식으로는 인식도 판단도 할 수 없는
초 현실적 상황들이 전개되게 될 것이다.

이러한 우주공간의 개척과 생활과 운영을 위하여는
무한 지식의 획득과 기억,
정확한 상황정보의 분석과 적합한 판단과 대응이
찰나의 순간에 처리될 수 있어야 하고,

이렇게 얻어지는 우주의 새로운 정보는
논리적으로 정립되어 공식화해서,

다음의 상황에 적용할 수 있는
새로운 지식체계로 기억 활용할 수 있는
능력을 확보해야 한다.

인간이 이러한 능력을 확보할 수 있는 수단은
현재의 반도체 기술을 이용하여 현실화가 가능할 것이다.

인류는 이미 반도체를 인체에 이식하여
인식 수단으로 활용할 뿐만 아니라

생체 활동을 지원하는데 이용하고 있으며,
생체 정보를 수집하여 인체의 미래 상황을 예측하고
그에 대응함으로써 건강을 관리하고 수명을 연장하고 있다.

생체반도체를 이용하여
두뇌의 기억기능은 물론이고
생체의 중요기능들을 감시하고 지원하게 된다면
이는 거의 반 영구적이며 완벽한 기능을 할 수 이게 될 것이다.

6-1. 바이오반도체

현재 인체와 반도체의 접합 기술은
실리콘기판을 사용한 반도체를 인체에 심는 방법으로
이미 이용이 되고 있다.

이는 인체에 심어도
인체와 동화 및 공명 하는 것이 아니고,
독립적 기능을 할 수 있을 뿐이다.

현재 진행되는 바이오반도체의 연구는
생체의 신경계와 반도체를 연계해서
인체의 반응을 반도체가 공명 할 수 있도록 하는
수준으로 발전해 가고 있다.

미래의 완전한 바이오반도체는
실리콘 파이버를 사용하지 않고,

인간세포 조직을 다량 배양하여,
세포의 DNA가 현재의 반도체 기능을
기억하고 반응할 수 있게 함으로써
초월적 기능을 가진 세포를 인체에 융합하여
초월적 능력을 발휘할 수 있는 생체로 진화하는 것이다.

이러한 단계에 이르면
현재의 컴퓨터나 모바일폰은
인체에 내장되는 단계를 거쳐서,
유전자 조작으로 제조된 세포의 DNA진화로
인체 스스로 그 기능을 하게 될 것이며,
현재의 휴대하는 컴퓨터 통신장비는 사라지게 될 것이다.

그 뿐만이 아니라
현재 의사들이
인위적으로 진단하고 처방하는 것의 거의 대부분이
이 바이오 반도체를 이용한 기기와 기술에 의존하게 될 것이며
비로서 완전한 원격진단 처방 치료 수술이 일상화될 것이다.

6-2. 지성, 이성, 감성의 인지

현재의 컴퓨터 기능은
지성적 정보를 거의 무한대로 기억 보존하고
논리적 사고의 추론을 천만분의 1초에 전개하며
인간의 지적 기능을 능가하고 있다.

음악이나 그림 등 감성적 정보를
디지털 정보로 전환하여 기억하였다가
수천번이라도 똑 같이 반복 재현할 수 있다.

이러한 능력은
거의 신의 경지에 이르게 되었지만
논리적 추론을 창의적으로 하거나

다양한 감성을 스스로 느끼고 표현하는 것은
인간의 능력을 따라 할 수가 없다.

멀지 않은 미래에
DNA에 의한 바이오반도체가 개발되고
인간 인체에 접합이 되면서,

인간은 모두
감성적 예술성을 마음껏 발휘하게 되어
모두 작곡을 하고 그림을 그리는
예술가의 기능을 발휘하게 될 것이고,

환경과 여건에 따라서
항시 변화하는 인간의 감성을 그때 그때 인지하여
음악이나 미술에 예술적으로 반영을 하여
다양한 감성을 표출할 수 있게 될 것이다.

나아가서
개인별 엔터테인먼트 플랫폼을 장치하고
증강현상을 이용한 자작 엔터테인먼트를
즐길 수도 있게 될 것이다.

6-3. 영혼의 영역

인간이 스스로 자력으로 진화하여

지성 이성 감성의 기능을 확대하게 되어

현실을 뛰어 넘는 초능력을 발휘하게 되겠지만,

인간에게서만 인지되는

영혼의 영역인 영성의 부문에 대하여는

어떻게 해야 될지가 마지막 과제로 남게 된다.

현재까지의 인류 발전사를 보면

지성 이성 감성의 부문은

유물적 인지 대상이지만,

영혼은

유물적으로 인지할 대상이 없는

관념적 가치이고 천부적인 기능이기 때문이다.

CHAPTER 7

초광속통신

인간이 우주에서
새로운 물리적에너지를 이용하여
초광속우주선으로 여행을 하게 되면,

우주선의 이동 속도가
빛이나 전자파의 속도를 앞서게 되므로

현재의 전파를 이용한 통신의 기능은
우주에서는 사용할 수가 없게 된다.

현재의 기술로
우주선이 우주를 항행 하기 위하여는
우주선의 항행 조정에 대하여
지구지원센터의 지원을 받아야 하고,

우주인은
우주와 우주선의 상황에 대한 보고를 하며
계속적인 통신을 하여야 한다.

그런데
초광속으로 이동하는
우주선의 항행에서 교신은
현재의 전자파 통신으로는
불가능한 상태에 이르게 되므로,
이로 인하여 야기되는 문제를
극복하는 기술을 개발하여야 한다.

7-1. 초광속통신의 필요성

초광속으로 이동하는 우주선을
조정하기 위한 교신의 방법을
현재로서는 3가지를 추론할 수 있다.

하나는
우주선의 항로를
미리 정해서 우주선에 기억시키고
그 항로를 따라 자동으로 조정하며
순항하는 방법이다.

실시간 통신이 아니고
우주 전자우편배달식 교신이 될 것이다.

지구에 우편이 도달할 때는
우주선은 이미 예측 불가능한 위치로
이동하고 있을 것이다.

우주선의 항로를 미리 정해
우주선 컴퓨터에 기억시켜
그에 따라 항행하는 방법으로 인해
발생할 수 있는 최대의 문제점은

우주선의 항행 중에,
예측하지 못한 우주 상황이 발생하면
지구의 지원센터에서 대처할 수가 없다는 것이다.

또 하나는
고도의 인공지능기능을
두뇌 시스템에 장착한 우주인이
우주선을 조정 항행을 하며
발생하는 상황을 분석하고 해법을 찾아서
스스로 대처하는 방법을 생각할 수 있다.

고도의 지능을 갖추었다 하더라도

그것은 지구에서 예측 개발한 지능이기 때문에
우주상황에 만능으로 대처하기에는 한계가 있을 것이다.

이를 보완하기 위하여
궁극적으로 지구기지로부터
필요한 지원을 받을 수 있는 기능이 필요하다.

다음은
광속보다 더 빠른 초전파통신매체를 새로 발견해서,
그것을 우주 통신에 사용하는 기술을 개발하는 것이다.

광속을 초월한 우주선의 항행과
전자파 속도로 처리하는 지령과
기계적 동작의 간극을 조절할 수 있는

아주 예민하고 빠른
정보 전달 기능이 개발되어야 한다.

즉
초광속우주선의 속도를 극복할 수 있는
통신 수단이 개발되어야 하는 것이다.

인간의 활동공간이 우주로 확대되고,
광속의 항행을 하게 되면서
광속을 넘어설 수 있는 통신 속도를
요구하게 되는 것이다.

현재까지 과학자들이
통신수단으로 개발해 온 수단은
전자통신 광통신 그리고 양자통신이
최첨단 통신 수단으로 개발되어 왔다.

이들의 통신 속도는
이론적으로 최적 환경에서
광속과 같은 속도이기는 하지만

이것을 이용하기 위한
매체와 기기의 한계 때문에

실제에 있어서는
광속을 따라가지 못하고 있는 것이다.

통신 속도의 증강을 위해서는

이러한 기기의 제한을 극복하는

기술과 장비의 개발이 되어야 한다.

그러한 장비가 개발이 되더라도

현재의 기술 기반으로는

궁극적으로는 광속과 같아지는 것이 한계다.

7-2. 텔레파시통신

광속을 넘어 설수 있는 방법으로는
아직 그 실체가 인지되지 않아서
관념적 차원에 있기는 하지만
텔레파시 통신을 생각할 수 있다.

인간은 역사적으로
많은 부문에서 관념적 사항들을
실체로 인식하는 방법을 찾아 내고
필요한 경우에 인류문명의 실체적 가치로 구현해 왔다.

동물들이 육감이나 특수 신호로
의사 소통을 하는 것과 같이

인간도 성대를 이용한 언어가
현재와 같은 수준의 의사소통 수단으로 발전하기 전에는
육체적 동작이나 뇌에서 직접 보내는 신호 전달 방식으로
소통을 하였을 것으로 추론이 된다.

이러한 것은 현재도 남아 있어서
눈빛으로, 얼굴표정으로, 몸짓으로, 피부로 등등
육감적인 의사 소통을 하고 있다.

멀리 떨어져 있는 쌍둥이가
한쪽이 느끼는 희로애락을
다른 쪽이 느끼는 원리나 기능을
초월적 정보전달 기능으로 상상해 볼 수 있을 것이다.

이러한 기능의 작용에서
원초적 인간의 기능으로 추론되는
뇌파에 의한 텔레파시 능력이나,

신과 교감의 수단으로
관념적으로 인지하고 있는
영감의 실체적 물질을 찾아내,

인식의 실체적 대상으로 현실화하고,

이것을 바이오반도체로 증폭하여
통신수단으로 개발을 한다면
초광속통신수단을 개발할 수 있을 것이라
추론해 볼 수도 있지 않을까?

공기가 없는 우주공간에서도
교신과 교감이 가능 할 것이라는
더 차원 높은 추론을 해 볼 수 있다.

7-3. 초전파시대

인간은 전자통신 광통신 양자통신 시대를 넘어
우주개발의 한 요소로 초광속통신 수단으로
텔레파시 통신 또는 그 이상의 기술을 개발하여
초전파시대를 열어 나가야 할 것이다.

이러한 초전파시대가 실현되면
전송 증폭 교환 전환의 기능은
반도체 내에 집적되어 사라지게 되고,

뇌파 전파 광파
또는 제3의 우주 통신 수단을
융합하여 사용함으로써

현재의 통신선과 중계센터 등
중간 기기 들은 퇴역하게 될 것이다.

이렇게
초광속통신 수단의 개발은
초광속이동체와 함께
인간의 공간과 시간지배의 능력을
더욱 향상시키게 될 것이다.

인간은 우주에 항행을 하면서
텔레파시 우주통신망을 구축해서,
공기가 없는 곳에서도 음성을 사용하지 않고
또 별도의 송수신기를 사용하지 않고
뇌파에 의한 텔레파시 통신을 할 수 있게 될 것이다.

CHAPTER 8

3개의 공간

인간은
유물론적 공간인 지구계와 우주계 외에
관념론적 공간인 가상계의 공간을 구축하여
3개 공간을 완전히 일체화 하여 누리게 될 것이다.

지구계는 초음속 이동체로 물류를 하게 되고,
우주계는 초광속 이동체로 물류를 하게 될 것이며
동시에 관념적 공간인 가상공간을 영유하게 될 것이다.

이 가상 공간은 초광속통신 수단을 이용하여
우주인의 우주개척에 따라 전 우주로 구축되어 갈 것이고

유물적 지구계와 우주계의 우주공간의 실체가
통신, 콘텐트, 3D, 반도체, 증강현상, AI 등의
첨단 정보통신 기술에 의하여 가상공간에 가상현실로

실체보다 더 효과적으로
가상계공간 The cyber space 속에 재현될 것이다.

인간은 직접 이동을 하지 않고도
가상계공간에서 실제와 완전히 같은 느낌으로
모든 것을 체험하게 되고

실제 물류는
무인이동체에 의하여 이루어 지게 될 것이다.

인간은
이러한 우주시대의 생활환경에 완전히 익숙하게 될 것이며
일상의 생활 양식이 될 것이다.

8-1. 관념적 가상공간

현재는 밖에서 컴퓨터를 통하여

가상공간을 들여다보고 있지만

우주시대에는 인간과 함께하는

완벽한 관념적 공간으로 발전할 것이다.

우주시대에는

지성적 감성적 영역의 정보와 기능을

실체적 유물적 정보와 함께 가상공간에 설정을 하고

뇌 속에 일체화 된 정보처리 기능이

그 가상 현실 공간과 항시 공조하며

그 속에서 생활을 영위하고 즐기게 됨으로써

가상현실이 아니라

실체적 공간으로 인식이 되게 될 것이다.

또한 개인 각자가

가상공간 구축에 참여하고 기여하며

함께 생활하는 공동의 공간이 될 것이다

이러한 인류문명의 발전은

인간이 육체적으로 우주계에서 생활할 뿐만 아니라

관념계의 공간에서도 생활할 수 있는 능력을 개발하게 된다.

현재도 사람들이

지하철이나 버스 안에서

육체는 지하철을 타고 있지만

정신적인 활동은

인터넷 가상공간 속에서 하고 있는 것을 볼 수 있다.

결국은

인간과 가상공간이

상호 독립적인 2원적 개념은 사라지고

관념적이지만 인간과 일체가 된

또 하나의 실체적 공간으로 인식될 것이다.

이러한 문명의 발전과

인간 생활양식의 변화는

인간의 정신적 문화적 생활은

관념적 가상공간 속에서 더 많은 시간을 보내게 될 것이고

그것이 삶의 본질로 변화되어 갈 것이다.

CHAPTER 9

시간의 개념

현재까지 지구계에서
인간이 인식하는 시간의 개념은
여러 차원에서 발전되고 또 이용되고 있다.

자연과학적 개념의 시간 기준도 있고
종교적 개념의 시간 기준도 있으며
동물의 행동을 이용하는 시간 개념도 있고
그 외에도 여러가지의 시간 개념이 있다.

9-1. 지구의 시간

인류는 지금
지구계의 범위에서 사용하는
시간을 발견하여 사용하고 있다.

지구가 한번 자전을 하는 시간을 하루라고 규정하고
그 하루를 24시간으로 규정하였다.

왜 24라는 숫자를 사용하였는지
그 근거를 확실히 알지는 못하지만
서양의 12진법이나, 동양의 10간 12지에서
유래가 되지 않았을까 추측을 해 볼 수 있다.

즉 지구의 한번의 자전 시간을 하루로 하고
낮을 12등분하고, 밤을 12등분 하여
지구가 24분의 1을 회전하는 시간을 1시간이라 했고
여기서부터 시작하여 분과 초를 정의하였다.

또 달이 지구를 한 바퀴 공전하는 시간은
지구가 30번 자전하는 시간과 같으므로
30일을 1달이라 하였고

지구가 태양을 한 바퀴 도는 데에는
365번 자전을 하게 되므로
365일을 일년이라 하였다.

9-2. 우주의 시간

인류가 저 무한한 우주를
초광속으로 여행을 하게 되었을 때는
시간의 개념과 기준이 어떻게 되어야 하고
그것을 어떻게 인식하게 될 것인가?

불교에서는 시간의 최소단위를 찰나라 하였고
영원한 시간을 영겁이라고 하였다.

여하간 인간이 생활하는데 있어서
이 시간은 매우 중요한 기준이 된다.

시간이 돈이고, 시간이 비즈니스라는 말로

시간의 가치를 물질적 가치로 비유하기도 한다

인간이 지구계를 벗어나
태양계에서 생활을 하게 되면
태양계의 공전 시간을 어떤 기준으로 정의할 것이며,

은하계를 여행하게 되면
또 어떤 시간 개념이 필요하게 될 것인가?

이러한 기준이 개발되면
인간은 지구시계 태양시계 은하시계 우주시계를
통합한 AI 우지시계를 사용하게 될 것이며

이 시간을 기초로
거리의 기준과 속도의 기준도
우주 시간에 따라 우주 기준이 정해질 것이다.

9-3. 우주의 표준

우주시대에

초광속우주선으로

몇 광년을 가는 항성 간을 이동하는데 따르는

우주에서의 시간, 거리, 속도는 물론이고

무중력 상태에서 물체의 중량과 부피 등

이러한 것들에 대한 우주의 기준을 어떻게 정립할 것인가?

한 때 해가 지는 시간이 없다는 말을 들으며

지구 전체를 지배하는 패권 국가였던 영국은

이 세계 통치를 위하여

시간, 거리, 속도, 무게 등

인간생활에 필요한 많은 요소들의 표준을
재 정비 또는 창시하여 정하고 관리를 했다.

그래서
그러한 도량형의 표준을 관리하고
그 도량형의 기준이 되는 표본을
보관하는 곳이 영국 런던에 있다.

지금 최선진강국들은
우주개발 경쟁을 계속하고 있다.
그들이 앞으로 우주의 표준과 규격과 규정을
선도하게 될 것이라 생각을 한다.

이러한 표준과 규격을 주도한다는 것은
우주개발과 관련된 특허를 독점하는 것과 같아서
그들은 계속해서 우주개발에서 선두주자의 특권을 누리며
리드를 하게 될 것이다.

이것은
산업, 경제, 안보에서 패권을 계속 유지해 가게 되는
주도권을 장악하는 것이다.

CHAPTER 10
산소와 수소

우주에서
인간이 생존하기 위하여 필요한
가장 핵심적인 원소는 산소와 수소다.

인간의 인체는 유기화합물이다.
탄소 수소 산소 질소 외에
몇 가지 중요한 원소들의 화합물질이다.

인체의 세포 구성에 필수 원소이면서
인간이 생존에 필요한 영양소들은
이 유기화합물에 의하여 생산이 되고
섭취를 할 수 있는 것이다.

유기물의 기본 요소인 탄소 수소 산소 질소는
생명이 생존하기 위한 필수 원소들인 것이다.

탄소, 수소, 산소, 질소는
인간을 비롯하여 동물과 식물 등
생명체가 탄생하기 위하여 필요하고

생명체의 세포가
지속적으로 생명을 유지하기 위하여 필요하고
생명체가 신진대사 활동을 하기 위하여 필요하다

생명체 자체의 탄생과 생존을 위해서 뿐만 아니라
생명체가 생존의 환경을 유지하기 위하여 필요하다.

동식물이 인간을 위한 영양소를 만들기 위하여 필요하고
그 영양소를 섭취해서 인체 에너지로 전환하기 위하여 필요하다.

이러한 화합물의 생성과 반응을 위해서
일상적으로 공급이 되어야 하는 물질은
공기와 물과 빛인 것이다.

10-1. 산소와 물

산소는 인간이 몇 분만 섭취를 못하면 질식해서 죽게 된다.

물은 몇 일을 섭취 못하면 탈수 현상으로 생명을 잃게 된다.

유기물 영양소를 십 수일을 섭취 못하면 인간은 죽게 된다.

이들은 인간이 생존하기 위한 기본적이 물질이다.

산소는

유기체를 연소시켜 열에너지를 얻고

이것을 이용하는데도 필요하다

지구에서는 산소가

공기 속에 기체로 약 20%가 존재를 해서

인간이 기관지계통에서 호흡을 통하여

섭취를 하고 인체로 보내서 신진대사에 관여하게 한다.

물은 수소와 산소의 화합물이다
이 물을 화학적 분해 과정을 통하여 산소를 얻을 수 있다.

공기 속에 산소를 물리적으로 분리하거나
물을 화학분해 하여 산소를 대량으로 얻을 수 있고
이렇게 얻어진 산소를 압축하여 액화 산소를 얻을 수 있다.

기체 상태인 공기 속의 산소와
액체 상태인 물 속의 산소 이외에
고체 상태인 유기물 속에도 산소가 존재한다.

고체 상태인 유기물 속의 산소는
연소 과정을 통하여 유기화합물의
다른 원소들과 분해와 화합의 화학 반응 과정을 통하여
이산화탄소와 물, 질소 및 유황의 화합물로 변하게 된다.

따라서
우주에 탄산가스 물 질소산화물 유황산화물 같은
산소와 화합을 한 물질이 기체나 액체 또는 고체 형태로 존재를

하면,

인간은 이들을 화학적으로 분해하여 산소를 얻을 수 있다.

산화철 구리 등의 녹과 같이

산소를 포함한 무기물질도 존재할 수 있다.

여하튼 산소가 공기 물 외에

고체 유기물에 포함이 되었든

산화철과 같이 무기물에 포함이 되었든

산소라는 원소가 존재하게 되면

인간은 물리화학적 분리 방법으로

산소를 구해서 생명유지에 사용할 수 있다.

기체 액체 상태의 산소가 존재하는 우주공간이 있으면

인간이 생존할 수 있는 적합한 환경이 될 것이고,

고체유기물이나 무기화합물과 결합 상태에 있더라도

인간의 지식과 기술로 산소를 획득할 수 있다.

어떤 형태로든 산소가 존재하는 우주 공간은

인간이 생명을 유지할 수 있는 최소한의 환경이 되는 것이다.

다음에 인간 생존에 필요 한 것이 물이다.
물은 수소와 산소의 화합물이다.

그 화합물이
물이라는 액체와 수증기 또는 어름과 같은
기체 또는 고체로 존재하고 있는 것이다.

이렇게
인간이 탄생하고 생존하고 활동하기 위하여 필요한
삼대 원소가 탄소 수소 산소이다.

그 중에서도 필수 원소가 산소와 수소인 것이며
우주개척에 나선 인류는 우주공간에서 이것을 찾기 위하여
최우선으로 공기와 물이 있는 우주물체(성체)를 찾으려고 하는
것이다.

10-2. 신천지와 인간의 진화

이러한 원소들이
자연 상태로 충분히 존재하는 우주 공간이 있다면
인간이 생존할 수 있는 신천지가 될 수 있다.
인간이 직접 우주개척에 나설 수 있는 곳이다.

이러한 원소들이
존재하기는 하지만 충분하지 못한 환경이라면
인간은 이러한 환경에 적응할 수 있도록
스스로 어떤 형태의 진화를 해야 할 것이다.

적은 양의 산소와 적은 양의 물과 영양으로
생존할 수 있는 적응력을 확보해야만 할 것이다.

즉 그러한 적응력을 가지고 인간을 대신해서
우주개발의 역할을 할 수 있는
새로운 종의 인간을 탄생시켜야 할 것이다.

이러한 새로운 종의 인간조차도
생존과 활동이 불가능한 우주공간의 개발은
결국 기계적인 로봇을 보내서 해야 하고
제한된 개발을 할 수밖에 없을 것이다.

현재 우주개발에 참여하고 있는 과학자들은
향 후 본격적인 우주 개발 시대를 기다리며

인간의 생존과 직접 관계가 깊은
이 산소와 수소를 찾기 위하여
우주로봇이 달에서 가지고 온 시료와
로봇이 작업을 통하여 보내 주는 화성표면의 정보와
태양계를 비행하며 보내는 공간 정보들을
분석하느라 불철주야 여념이 없을 것이다.

오늘 연구실에서 실험실에서 현장에서
노고를 아끼지 않는 이 과학자들과 기술자들이

인간의 우주시대를 곧 열어 나가게 될 것이다.

CHAPTER II
우주인

인류는 우주개발을 위하여
초광속우주선, 우주에너지와 우주소재
새로운 통신수단과 우주선제어기술을 개발해 갈 것이지만

궁극적으로는
인간이 우주를 여행할 수 있도록
역량을 갖추는 것이 가장 중요한 것이다.

우주를 향한
이러한 인간의 강렬한 도전 의지는
우주 개척에 적합한 무병장수 불로장생
영생불사 초월적 지적 능력을 가질 수 있도록
스스로 진화를 촉진하게 될 것이다.

신의 영역이었던
인간의 생명을 인간이 스스로 조작을 하여
인간이 인간의 생명을 부여하는 단계에 이르러
인간 생명의 신비의 장막을 열게 될 것이며

인간은 다양한 기능의 인간으로
스스로 분화하게 될 것이다.

11-1. 모태인간

남녀가 사랑으로
정자와 난자가 자궁에서 수정을 하여
태교를 통하여 탄생하는 인간은 모태인간이다.

현존하는 인류의 탄생의 법칙이다.

정자가 난자와 교합하는 순간에
신은 모태인간의 탄생을 축복하는
영혼을 부여하게 된다.

2222년의 모태인간은
인공심장 인공두뇌 인공장기를 개발하여 사용하는 것을 넘어서,

스스로 DNA를 비롯한 다양한 세포 조작 기술을 개발하여
현재 인간의 지적 육체적 그리고 수명의 한계를 초월하고
정신적 고뇌와 육체적 질병의 고통을 극복해 나갈 것이다.

100여년 전
과학자들이 실험실에서 생명체를 합성한 이래
인체 세포의 분자구조를 찾아 내고
이 세포 조작기술을 끊임없이 연구 개발하여
세포핵의 DNA의 구조와 특성을 찾아 냈으며,

현재는 그 기술이 보편화 되어
인간의 각종질병을 극복하는데 이용될 뿐만 아니라

자궁 외 수정으로 난임을 해결하고
아버지를 모르는 생명이 탄생하여
싱글 맘의 시대가 보편적 인식이 되어 가고 있다.

이러한 생명공학의 발전으로
인체의 기관을 인공적으로 생성하여
질병의 고통을 해결하고 생존수명을 연장하고 있다.

이제 이러한 생명공학기술의 도전은

세포조작에 의한 인조인간을 탄생시킬 수 있는

단계에 가까워지고 있다

11-2. 인조인간

인간이 우주를 여행하기 위하여는
수명과 건강과 영양섭취와
지능 및 체력의 문제를 해결해야 한다.

모태인간은
우주개발을 위하여 인간의 역량을 갖추고
우주개발에 특화된 인조우주인을
생명공학 기술을 이용하여 탄생시키게 될 것이다

이렇게 개발된
인조인간을 탄생시킬 수 있는 생명공학기술은
지구에서 모태인간을 대신하여 노동을 할 수 있는

인조지구인도 탄생시키게 될 것이며,

다양한 스펙의 인조인간이 분화 탄생되어
모태인간을 도와 우주를 개척하고
지구에서 노동을 대신하게 될 것이다.

이렇게 우주시대에는
모태인간을 비롯하여
다양한 종의 인조인간들이
모태인간을 도와서 함께 사는 사회가
도래하게 될 것이다

이에 따라
지금까지는 모태인간들 간의 수평적 인종의 관계에서
미래에는 모태인간과 인조인간의 수직적 인종의 관계가
새로 형성될 것이다.

모태인관과 인조인간의 관계는
지능적 역할과 육체적 역할로 분담이 되고
명령과 복종의 수직적 관계로 정립이 될 것이다.

11-3. 모태인간과 인조인간

우선 모태인은 부모의 사랑의 화합으로 태어나며
신으로부터 영혼이 부여되는 존재이다.

모태인은
출생의 시발이 아버지로부터 시작하여
어머니의 자궁에서 영혼을 부여 받으며
육체적 성장으로 인간의 모습을 갖추고
태교를 통하여 기본적인 인성을 형성하고 태여 나서
교육과 훈련을 통하여 인격과 지혜를 쌓게 된다.

그래서 한 인간을 정의할 때
제일 먼저 부모가 누구인가를 확인한다.

인조인간은
모태인간이 생명공학 기술을 이용하여
세포를 조작하여 인조자궁의 환경에서
속성으로 신체적 육성을 해서 탄생시키고
특화된 기능에 적합한 지식을 주입 세뇌해서
임무를 수행하게 될 것이다.

인조인간은
부모가 없으므로
출생한 인조자궁공장과 인조자궁의 번호가
그를 정의하게 되거나

아니면 모태인간과는 달리
어떤 표준적 인식 방법이 만들어질 것이다.

인조인간은
출생의 과정에서 신의 개입이 없이
모태인간에 의한 인위적 행위로 태어났으므로
그에게는 영성의 능력이 없으며
모태인간의 신앙을 공유할 수 없을 것이다.

즉

모태인간의 영적신앙의 대상은 신이며,

인조인간의 신앙에 대상은 모태인간이 될 것이다.

모태인간은

특정 목적을 위하여 특화된 인조인간을

자신이 인위적으로 탄생시킨 것이므로

특화된 기능은 우수하게 만들지만

감성의 기능은 임무 수행에 필요한

극히 일부만 제공을 할 것이며

그 능력을 완전히 부여하지는 않을 것이다

이렇게

인조인간은 특정목적을 위한

지적 육체적 기능은

모태인간보다 더 탁월한 역량을 가질 수 있지만

감성과 영성의 능력을 가질 수는 없을 것이다.

모태인간은

신앙적으로 인조인간을 지배하고

감성적으로 관리를 하게 될 것이다.

모태인간은
인조인간이 탄생과 동시에
인조인간을 조정할 수 있는 기능을
생체 속에 주입하여 제어할 것이다.

인조인간의 주된 기능은 지성적 기능이고
모태인간의 절대적 지휘와 관리하에서 기능을 하고
모태인간의 의지를 벗어 날 수 없게 제어될 것이다.

11-4. 인조우주인과 인조지구인

인간은 지금도 로봇을 개발생산해서 사용을 하고 있다.
현재의 로봇들의 역할과 기능은 극히 제한적이며
지능적인 측면에서 기능을 더 다양화해야 하고
육체적 운동의 유연성이 더 개발되어야 한다.

인간은
인간의 다양하고 복잡한 지적행위를
도와줄 수 있는 로봇이 필요하다.

지금은
기계에 지적작용을 부가하여 로봇을 개발하고 있으나
기계가 가지고 있는 동작의 유연성의 한계 때문에

현재의 기계적 로봇으로는 그 다양성을 충족할 수 없다.

앞으로는

인간에 로봇기능을 부가하는 방식으로

연구개발 방향이 바뀌게 될 것이다.

즉 인조인간을 만들어

인간에 준하는 사고를 하되

현재의 로봇과 같이

강력한 육체적 기능을 할 수 있게 할 것이다.

인조우주인은

초광속우주선을 조정하며

새로운 정보를 취득하고 새로운 지식을 학습하며

처음 전개되는 불확실성의 문제를 해결할 수 있는

초지능적 두뇌기능이 필요하다.

따라서

인조우주인은 상대적으로 육체적 기능 보다는

강력한 지적기능을 필요로 하게 되고

모태인은 생명공학기술로
이러한 인조우주인을 탄생시킬 것이며
탐사해야 할 우주의 환경에 따라
특화된 우주인의 종들이 다양하게 탄생할 것이다.

인조지구인은
지구계의 지하와 해저를 탐험하며
미 개척분야의 지식과 자원을 개발하며
모태인을 대신하여 일하게 될 것이다.

상대적으로 인조우주인 보다는
육체적으로 특화된 기능이
더 필요하게 될 것이다.

따라서
지하나 해저 및 남극과 북극
밀림과 사막 등의 극한 환경에서
탐사와 개발에 적합하도록 특화된
인조인간이 탄생하게 될 것이다.

이러한 전문적인 역할 외에도

사소한 일상의 노동은 기계적 기능보다는
다양한 지적기능을 더 필요로 하게 되므로

모태인은
일정 기능에 특화된 기계적 로봇보다
지적기능이 더 발달한 인조하인을 필요로 할 것이다.

이렇게 인조지구인도
다양한 목적에 따라서
지적 육체적으로 특화된
인조지구인의 종들이 탄생하게 될 것이다.

11-5. 휴봇

모태인간은 인조인간을 통하여

지적 육체적 능력을 대신하게 하고 스스로도 발전해 가지만

인간 생체가 가지고 있는 한계 때문에

그 한계를 극복하기 위하여 DNA 기술로 우성학적 진화를 계속하며

기계적 로봇을 현재 보다 더 발전시켜서 활용하게 될 것이다.

DNA 반도체를 이용하여

인간두뇌와 동조 공명하는 인조두뇌를 개발하고

인체의 근육과 동질이며

기계적 로봇보다 더 단단하고 강한

가볍고 부드러운 소재를 개발하여

이 소재를 이용해서

인간의 신경계와 공명하는

신경조직 근육조직을 인공으로 만들어서

인간 육체와 일체형의

피부 의복형 로봇을 제작하여 착용을 함으로써

모태인간 스스로 지적 육체적 한계를 극복하게 될 것이다.

이렇게

인간피부와 일체화 된 피부의복 로봇을

휴봇이라 명명하며

이 휴봇은

모태인간의 활동영역과 기능을 다양화 극대화하여

스스로 우주와 지구개발의 상당한 범위를

인조인간 로봇과 함께 활동하면서,

일상생활에서도

스스로의 삶의 만족도를 향상시킬 것이다.

모태인간 스스로의 역량이 배가 되면서

인조인간과 로봇의 기능과 역할도 확대시킬 것이며

전체적인 우주시대를 영위하는 역량과 생산성도 극대화될 것이다.

11-6. 로봇

모태인간이 인조인간을 탄생시키고

인간육체 일체형 휴봇을 만들어도

그것으로 필요충분조건이 될 수는 없다.

기본적으로 생체조직에 의하여 기능하는

인간의 종은 섭취와 휴식이 필요 한 것이며

생체조직에 적합한 환경의 제약을 받게 된다.

그래서

지적사고력은 극히 제한되어 있어

단순 특수목적의 기능을 하지만

수면과 휴식과 영양이 필요 없고

환경의 제약이 거의 필요 없는

물리적 힘이 강력한 기계적인 로봇을

계속 발전시켜 사용할 것이다.

로봇 역시

인조인간과 휴봇과 함께

모태인간의 미래우주개발에

필수 동행자가 될 것이다.

11-7. 완전영양제

모태인간이든 인조인간이든

인간의 생체조직을 가지고 있는 생명체는

생명과 건강을 유지하고 활동을 하기 위한

에너지를 얻기 위해서는

영양의 공급이 계속 되어야한다.

따라서 유기식품을 구할 수 없는

몇 광년 거리의 우주를 여행할 때나

지구계의 특정 지역에서 활동하기 위하여는

거기에 적합한

농축완전영양제를 개발해야 할 것이고

그것을 흡수하고 인체기관에 적절히 공급하는
기관과 기기를 개발하게 될 것이다.

모태인간은
음식의 맛이나 향, 그리고 포만감 등
음식에 의한 감성적 즐거움을 즐기기 위하여
자연상태의 식재료를 요리하고 섭취할 것이다.

감성적 기능이
극히 제한되어 있는 인조인간은
음식 섭취과정에서 식도락을 즐기는
감성적 과정은 필요가 없을 것이고
완전영양제를 통하여 영양을 섭취하게 될 것이다.

완전영양제는 필요에 따라
주입식과 정제로 만들어지고
소량의 섭취로 장시간의 효력을 발휘할 것이다.

한번 주입으로 수개월 수년간 영양공급이 가능하고
정제를 휴대하여 필요시 섭취할 수도 있을 것이다.

영양은 완전 흡수를 통하여

배설물이나 배출물을 남기지 않을 것이다.

최소한도의 배출물은

호흡기를 통해서 배출할 수 있을 것이다.

영양제의

연소를 위하여 필요한 산소 역시

고압 압축한 캡슐형으로 하여

한 개의 캡슐로 수개월 수년을

산소가 없는 곳에서 생존할 수 있게 될 것이다.

이렇게 영양을 섭취하고

보관 배설하는 기능이 필요 없어 지므로

인조인간의 소화계통은

거의 무의미 하게 되므로

그 기능은 퇴화하게 되어

우주여행에 적응하게 될 것이다.

11-8. 불로장생

모태인간은

세포를 임의로 조작할 수 있어

인조장기를 생명공학적으로 생산하여

쇠락한 장기를 교체 할 수 있게 되고,

반영구 고성능 원자배터리를 이용한

기계적 보조 인공장기들을 사용할 수도 있게 되어

스스로 불로장생 하며 생존할 수 있게 된다

이러한 생명공학기술과

불로장생의 능력을 확보한 모태인간의

종족보존 본능이 어떻게 변화될지 예측이 어렵지만

지금 보다는 그 본능이 퇴화하게 될 것으로 예측된다.

이러한 본능의 변화는
남녀 간의 사랑도 성적인 애정의 감정 보다
동반자로서 우정 같은 감정으로 진행할 지도 모르겠다.

모태인간은
불로장생의 삶을 누리면서
인조인간을 관리하고 우주를 경영하기 위하여

스스로를 우생학적으로
열성적 기능은 퇴화를 시키고
우성적 기능은 더욱 발전 진화하여
더욱 넓고 깊어져 가는 우주의 경영능력을
배양해 갈 것이다.

육체적 고통은 제어를 하고
생명은 수백 년 수천 년을 향유할 수 있지만
우주를 경영해야 하는 고뇌는 더 깊어지고
영성을 향한 갈망은 더욱 강해질 수도 있을 것이다.

11-9. 외계인

모태인이 탄생시킨 인조우주인이

우주를 여행하며 외계우주인을 만나게 되고

그들이 지구를 방문하게 되면서

지구 또한

외계우주인들에게 개방이 되고

함께하는 사회로 발전을 하면서

비로서 지구계가 우주계와 아우르는

우주공간으로 열리게 될 것이다.

외계의 지능 동물인 외계인이 있다면

그 외계인에 의한 외계의 문화문명이

지구문화와 융합이 되고

외계의 다양한 생명체들이
외계인과 함께 지구로 이전이 될 것이며

어쩌면
지구 생명체와 외계 생명체 간에 종의 혼합으로
새로운 우주생명체가 출현을 하게도 될 것이다.

 상호 우주 생명체들의 교류가 활발해지고
우주 상인들의 이동과 거래량이 증가하면서
우주의 물류시스템이 개척 구축 되어
우주 실크로드가 상설 통로로 만들어질 것이다.

화성과 달은 지구를 출입하는
실크로드의 중간 성체로 발전을 하게 되며

지구를 중심으로 하여
태양계와 은하계의 우주 상인들이
새로운 우주경제 시스템을 개발하여
우주 경제가치를 창출 하는 것을 상상해 본다.

CHAPTER 12

종의 분화

고고학적으로는 종의 분화는
유인원 원시인 현대인 등으로
진화의 과정으로 분류를 하였다

또 현대인은 피부색으로
흑인종 황인종 백인종 등
수평적 분류를 하였다.

2222년에는
어떤 종의 인류가 분화 탄생을 하게 되여
인류의 구성원이 될 것인가?

200년이란 시간은
인류의 새로운 종이 진화에 의해서 탄생하기에는
너무 짧은 시간이지만,

근대 과학문명의 발전 속도의 측면에서 보면
새로운 종이 탄생하기에 충분한 시간이기도 하다.

12-1. 미래의 인류

인간은 중세까지
신의 세계라 인식되었던 거대한 우주를
과학의 영역으로 인지하고 연구하여
우주시대를 열어가고 있으며,

20세기에는 인간이
인체의 기본 세포이며 생명과 연결 고리인
RNA와 DNA의 분자 성분과 구조를 찾아 내였고,

이를 조작할 수 있는 생명공학기술의 기초를 확립하게 되어,
인체 생화학적 성분을 조작하는 바이오산업기술로 발전하고 있다.

드디어

오직 신만이 부여하며

인간은 감히 인지조차 할 수 없었던

인간생명의 원리를 조작하게 되었다.

우성학적 진화를 인위적으로 시도하여

우주 여행에 적합한 초월적 우주인의 분화가

가능한 시대를 예고 하고 있다.

우주 어디인가에서 온

외계우주인(ET: Extra Terrestrial)이 아니라,

지구인에서 DNA 분화로 탄생 한 우주인인

인조우주인(BAA: Bio-Artificial-Alien)이 출현할

직전 단계에 이르러 있다.

2222년에는

모태인간 (WH: Wombed Human),

인조우주인간 (BAA: Bio-Artificial Alien),

인조지구인간 (BAE: Bio-Artificial Earthian), 등의

지구계 인종의 분화가 일어나고

외계생명체 (ET: Extra Terrestrial)가
지구인 (Earthian)과 함께 살아가는
새로운 인종의 우주사회가 열리게 될 것이다.

그리고 인간의 능력을 증강시키는
휴봇(Hubot: Human-Robot)과 로봇이 유사 인간으로
인간의 삶에 함께 동행하게 될 것이다.

12-2. 지구의 인종

200년 후 지구의 인종은

미용생명공학에 의해

피부의 색깔은 마음대로 조정할 수 있게 되어

피부 색에 의한 수평적 종의 분류는 없어지고,

모태인간과 인조인간의

수직적 종의 분류로

그 의미가 정의될 것이다.

인간의 사상적 개념으로는

절대자인 신이 있어

모태인간에게 영혼을 부여하고

모태인간이
인간의 육체를 가진 인조인간에게
지능을 부여하고

인간의 지능을 부여하여
육체적 노동을 대신하는 로봇을 만들어
우주개발과 경영에 나서며

외계인을 만나
함께 우주사회를 열어가는
인종의 관계가 정립이 될 것이다.

CHAPTER 13

영생불사

인간이 병 없이 영원히 살며
행복을 누리는 것에 대한 희망은
인간의 본능적 숙원이다.

그렇지만
지금까지 이 세상에서는
인간의 능력으로 그 숙원을 해결할 수 없었으므로
신의 영역으로 이해하고

그 신의 세계를
천당과 극락으로 설정하여

죽은 후일지라도
그 숙원 하는 삶을 누릴 수 있기 위하여
기원하고 기도하며 부활을 위해
미라를 만들고 피라미드를 만들고
진시황제의 무덤이 만들어진 것이다.

인간은 그러한 기원과 기도를 계속하며
스스로 그 숙원을 풀기 위한 열망으로
불로초와 불사약을 찾기 위하여
탐사하고 연구하고 개발하여 와서

그 해결을 위해
풀어야 할 문제들의 답을 하나씩 찾아 내어
그 목표를 성취할 수 있는 직전에 도달하였다.

13-1. 인체의 기능계통

인간이 인간으로서 삶을 유지하기 위하여는
인체의 각 기관들이 건강하게 정상 기능을 하여야 한다.

인간의 인체는
두뇌기능계통, 호흡순환기능계통, 소화기능계통,
생식기능계통, 유지동작기능계통, 등
크게 다섯 개의 기능시스템으로 구분할 수 있다.

13-2. 두뇌기능계통

인간의 본질인 영혼과 이성 감성 지성을 담고
신체 전체를 관장하는 신경계를 지휘한다.

철학 윤리 양심 인성 개성 지능 신앙 등
한 인간의 본질이 이 시스템에 의하여 표출된다.

이 두뇌기능의 작용이 정지하면
육체적 수명이 유지되고 있어도
인간으로 존재 의미를 상실하게 된다.

신경계가 기능을 상실하면
신체 전체의 모든 기관이 정지를 하게 되어

결국 육체적 생명도 정지하게 되는 것이다.

인간이
인간으로서 조건을 충족하고 육체의 생명을 유지하는
가장 중요한 두뇌를 담고 있는 부분이 두부(머리)이다.

13-3. 호흡순환기능계통

인간이 생명을 유지하기 위하여는
산소와 영양을 공급 받아야 하며,
산소는 허파와 피부를 통하여 획득을 하고
영양은 소화기 계통의 작용으로 획득을 하게 된다.

산소와 영양을 심장과 혈관과 혈액이
두뇌를 비롯한 인체의 각 기관에 공급하여
생명을 유지하고 인간기능을 하게 된다.

허파에서 산소를 획득하고
소화기능계통에서 영양을 획득하여
산소와 영양을 피에 실어서 혈관을 통하여

두뇌를 비롯한 인체 각 조직에 보내고

각 기관의 기능활동으로 발생한 노폐물을
허파와 신장으로 보내 배출하는 것이 심장이다.

이러한 기능을 하는
심장 허파 혈관 피로 구성되는 계통이
호흡순환기능계통이며 흉부에 위치하고 있다.

창조주가
인간이 생존을 하도록 하기 위하여
산소가 필요하면 숨이 막히는 감지 기능을 주었다.

13-4. 소화기능계통

인간의 각 기관이 활동을 계속하며
세포의 생성 생존 재생을 위하여 필요한
영양을 만들어 내는 것이 소화기능계통이다.

이 소화기능계통은
입을 통하여 음식을 섭취하고
가공 소화 발효 섭취 배설하고
저장 및 공급하는 기능을 하는
각종 기관들로 구성되어 있는 기능계통이다.

중요한 기관은
위장 간장 췌장 신장 소장 대장 등이며,

육체의 복부 속에 이 기관들이 배치되어

하나의 소화기능계통을 구성하여

신경계의 지령에 따라 작동을 하고 있다.

창조주가

인간의 생존을 위해서

영양이 부족하면 배고픔을 자동으로 느끼게 하였다.

13-5. 생식기능계통

인간이 직접 생명을 승계하며
종족을 유지하는 방법으로
생식기능이 있는 것이다.

이 생식기능은
인간이 자신의 유전자를 후손에게 승계하며
영생의 숙원을 간접적으로 풀어가는 길이다.

인간에게 있어서 생식기능은 남녀에게 분리되어 있어서
남녀가 합쳐져야 비로서 완전한 생식기능계통을 갖추어
그 기능을 할 수가 있다.

생체적 관점에서는
생식기능의 역할에 따라 남자와 여자를 구분하고
완전한 생식기능시스템을 갖추기 위하여
그 남녀가 한 쌍을 이루어 생활하는 것이다.

생식기능은
자신의 생명과는 무관한 것이며
자식을 낳아 간접적 생명의 연장을 하는
종족번식 기능을 위하여 필요한 기능이다.

이러한 기능은
완전한 생식기능계통을 구축하기 위하여
이성에 대한 사랑의 감정이 서로를 유인하고,

성욕에 의한 성교를 통해서
생식기능계통의 연결과 합치가 이루어 짐으로써
정자가 난자를 만나서 생명 탄생의 계기를 만들게 된다.

이 생식기능계통의 완전한 합치가 올가즘 상태이다.

그리고 종족을 보존하기 위하여

모성과 부성이 작용을 하여 후손을 보호 육성하게 되어 있다.

창조주가

종족의 보존을 위하여

인간으로 하여금 주기적으로 성욕을 느끼게 한 것이다.

13-6. 유지활동기능계통

인체의 이러한 기능계통들의 각 기관들을
적정한 위치에 유지시키는 골격이 있고,
그것을 감싸고 보호하는 피부가 있고,

두뇌의 지령과 인체의 정보를
양쪽으로 전달하는 신경계통이 있고,
인체의 이동과 활동을 가능하게 하는 근육이 있다.

이렇게 유지 동작 활동 기능은
각 기능기관들을 유지하고 보호하며
인체가 행동하고 이동할 수 있게 하는 근육이 있고
각 기관이 신진대사를 위하여 조화롭게 동작을 할 수 있도록

두뇌의 지령 정보와 인체의 반응정보를 전달하는 신경계를
보호하고 유지하는 기능이 유지동작기능계통인 것이다.

이러한 기능을 보호하기 위하여
피부는 외부의 상황을 감지하는 기능을 가지고 있다.

13-7. 인체 기능의 진화

인류는 우주도전 과정에서

발견 발명하는 우주공학기술과

생명과학기술을 개발하여

인류사의 불치의 병들을 퇴치하면서

무병장생의 꿈을 실현하게 될 것이다.

13-8 미래의 뇌기능계통

인체에서

인간의 본질이며 생명의 근원인

두뇌의 작용이 정지하면

각 기관의 기능활동을 지휘할 수 없고

뇌의 명령을 전달하는 신경계통이 정지함으로써

심장이 박동을 하고 다른 기관이 기능을 해도

수분 내로 그 기능이 정지하게 되므로

의학적으로는 뇌사 상태라고 하여 사망 판정을 한다.

뇌사 상태에서도

심장을 비롯한 다른 신체의 각 부위는
짧은 시간이나마 그 기능이 유지되므로

이 짧은 시간에
현대의술은 뇌사자의 기관을 적출하여
다른 사람에게 이식하는 방법으로
한 명의 생명을 겨우 연장하는

극히 제한된 사람들에게
극히 제한된 생명 서비스를 할 수 있다.

인간의 두뇌가
생존하고 계속 기능을 할 수 있다면
순환기계통이나 소화기계통이 없어도
인간 본연의 기능을 할 수가 있다.

순환기나 소화기 계통이 불완전한 상태에서도
두뇌 기능을 활발히 하여
역사상 불후의 업적을 남긴 위인들도 있다.

이 두뇌 기능을 보좌하는 인공두뇌가

10년 내지 20년 사이에 개발이 되어
인간의 두뇌 기능을 무한히 극대화할 것이다.

이 인공두뇌는
AI를 장착한 바이오반도체를
인체에 내장하는 기술의 개발로
현실로 실현하게 될 것이다.

인공두뇌는 자연 두뇌와
실시간으로 호환과 교감을 통하여
양쪽의 지식을 교류할 수 있게 되어
인간 두뇌 기능의 역량을 극대화할 것이다.

2222년에는
자연두뇌를 적출하여 재생 강화할 수 있을 것이고
생명공학으로 뇌세포를 배양하여 교체도 할 수 있게 될 것이다.

13-9. 미래의 호흡순환기능계통

인간 수명에 있어서
뇌 다음으로 중요한 기관이 심장이다.

심장을 보강하기 위하여
배터리를 이용한 인공심장이 출현을 하였고,
많은 약점과 보완해야 할 문제들이 있지만
일부 현실적으로 사용이 되고 있다.

인간은
원자력이나 물리적 에너지를 이용한
영구 배터리를 장착한 심장을 개발하여
심장을 반 영구적으로 기능할 수 있게 함으로써

인간의 영생불사의 보조 역할을 하게 할 것이다.

더 나아가서
생명공학 기술을 이용하여
인체의 각 기관을 인위적으로 생성하여
새 심장으로 교체하고 보수함으로써
자연생체의 심장을 계속 유지할 수 있게 될 것이다.

생명공학기술을 이용하여
허파 기관지 혈관 같은 생체 조직을 생성하여
손상부분을 교체 재생시키게 될 것이며
신소재 인조허파를 만들어
보조기관으로 사용을 할 것이다.

체내에 신체 일체형 혈액 정화 기관을 부설하여
상시로 혈액의 질을 관리하고 유지하며
혈관의 노폐물을 청소하게 될 것이다.

13-10. 미래의 소화기능계통

인체에서

가장 다양한 기관과 기능을 가지고 있는 시스템이다.

그래서 인간의 질병이 가장 많은 시스템이기 때문에

질병의 고통을 가장 많이 만들어 내는 곳이기도 하다.

고도의 현대 의술과 좋은 약으로

많은 치료법이 개발되었지만

현재까지의 의약적 기술로는

인간의 질병으로 인한 고통의

극히 일부 많이 해결되고 있을 뿐이다.

2222년에는

각종 지능진단기기를 이용한 의술의 개발과

생명공학기술로 개발한 새로운 의약품으로

더 많은 질병과 고통을 해결하게 될 것이며,

궁극적으로

인체의 소화 기능을 할 수 있는 공장을 만들어

완전 정제된 농축 영양제를 생산하여 공급함으로써,

장기적으로 영양의 자동공급이 유지되면서

배설이 필요 없는 영양제에 의하여

인체의 소화 기능은 거의 필요 없게 될 것이다.

이러한 결과로

소화기능계통의 각종 기관의 작동시간은

대폭 줄어들게 되어 기관의 건강이 유지되어

질병자체의 원천적 요인이 대폭 제거될 것이다.

나아가서

각 기관의 생명공학적 재생과 인조기관 생산 교체로

질병의 완전한 퇴치가 가능해질 것이다.

13-11. 미래 인간의 생식기능계통

인간이 지금까지 지구상에서
최고의 영장물로 만물의 최 상위에 존재할 수 있었던 것은
이 탁월하고 왕성한 생식기능에 의하여 후손을 탄생시키고 양육해서
종족을 보존해 번창시켜 왔기 때문이다.

인류는
이 생식기능에 의하여 종족을 유지 계승하며
간접적으로 영생의 수명을 얻을 수 있었으며

원시시대부터
인간의 탁월한 지능과 노동력은
인류가 종족을 유지 번창하며

만물의 영장으로 발전하기 위한
최고의 경제적 수단이기도 했다.

가족이 많아야
노동력이 많고 서로 협력하며
왕성한 경제활동으로 보다 더 좋은
생존환경을 만들 수 있었다.

생명과학과 기술의 발전으로
세포를 조작해서 인위적으로 생명 탄생이 가능하고
무병장수의 길이 열릴 날이 멀지 않았다.

이렇게
생명을 인위적으로 조작할 수 있게 되어
스스로 영생불사의 길이 열리고
인조인간을 만들어 노동을 대신하게 하면
종족보존의 본능적 가치는 많이 퇴보하게 될 것이다.

따라서
생식기능의 완성과 교합의 필요성도 감퇴하여
사랑 성욕 모성 이러한 감성적 부분 역시

다른 형태로 진화할 가능성이 높아진다.

보편적인 남녀 간의 애정은
삶의 동반자적 의미인 우정으로 변하게 되고

성욕은
다른 의학적 처리를 해서 순화하고
성교는 오락적 차원으로 변화할 수도 있을 것이다.

그렇지만
우주경영을 위한 최고 상위의
영성적 인간의 종족유지를 위하여
선택된 인간만이 사랑의 교합으로
최우성학적 모태인간을 잉태하여
출산을 할 수 있게 될 것이다.

13-12. 미래 인체의 유지활동기능계통

인간은 더 강한 골격과 근육을 위하여
우성학적으로 진화하여 가겠지만,

그것을 대신하거나 보조하는 여러 가지의 기계들을
연구하여 개발하고 있으며 대표적인 것이 로봇이다.

현대의 로봇을 더욱 발전시켜
더 다양하고 유연한 기능을 갖는 로봇으로 계속 진화를 시키고

인체 조직과 일체적으로 융합할 수 있는 소재를 개발하여
인간과 로봇을 일체화 할 수 있는 휴봇시스템을 개발하여
인간이 스스로 로봇의 기능을 가지게 될 것이고

이렇게 하여

모태인간이 인조인간과 로봇을 거느리고

우주개발에 직접 나서게 될 것이다.

13-13. 미래 인간의 질병

인간이 직접적으로
정신적 육체적으로 그 생명을 유지하는 기능은
두뇌기능 순환기능 소화기능으로 구분되어 있으며,
상중하로 구분되어 신체 내에 배치되어 있다.

인간의 질병의 종류는
식재료 등을 통한 외부와의 관계가 가장 많고,
작동하는 기관도 가장 많은 소화기계통의 질병이 제일 많으며,
공기를 통하여 외부와 접촉하게 되는 순환기 계통이 다음이다.

인간의 활동장애를 일으키는
골격 피부 근육 신경의 질병이 있으며

바이러스나 박테리아에 의한 내재적 질병과

외부의 충격에 의한 외상이 있다.

인간의 두뇌의 질병은

외부와 직접 접촉이 없고 두개골로 잘 보호되어 있어서

자연노화에 의한 질병이나,

순환기관이나 소화기관의 기능 저하로

산소나 영양의 공급이 부족하여 발생하는

종속적 기능저하에 따른 병이거나,

외부 충격에 의한 것이 대부분이다.

13-14. 인간의 질병연구

인간의 끊임없는 질병연구와 치료방법 개발,

인체용 신소재 기술 연구,

나아가서 인체조직배양기술의 향상과

원자배터리의 연구와

빛을 이용한 소형 배터리의 개발은

각종질병의 퇴치와 치료는 물론이고

십 수 년 내에 자연 심장의 기능을 초월해서

영구적인 심장 기능 로봇의 생산이 실현될 것이다.

그 다음은

심장의 생체공학적 세포배양이 될 것이다.

영구심장의 개발과 함께 해결해야 할 문제는
생체 활동을 관리하는 두뇌와 신경계의 건강이다.

반도체의 집적화 기술이 극대화되고
인공지능의 개발과 반도체의 신체이식 기술의 발전으로

미래에는 컴퓨터와 휴대폰 등이
인체에 내장됨으로써 신체일체형이 되어
신체반응과 활동 정보를 수집 분석하여
인간의 두뇌 및 신경계 기능을 강화하게 될 것이다.

인간이 육체적 정신적으로
무병장수할 수 있는 숙원을 이루기 위하여
이 생명과 질병과 관계되는 인체 연구는
몇 백 만년 계속되어 온 것이며,

현대 화학과 생물학의 발전과
학문적 융합으로 생화학분야의 연구로
서서히 그 비밀이 벗겨져 왔다.

현대에 들어와

물리학적 이론이 융합되고

컴퓨터의 정부분석 능력을 이용해서

이론과 기술의 개발에 가속도가 붙으며

더욱 빠른 속도로 발전이 되고 있다.

이제는

각종 소화기 계통 기관의 수술은 물론이고

허파 심장 두뇌 등의 생명과 직결되는 예민한 부분도

완벽한 의학이론과 정밀한 컴퓨터의 도움으로

수술과 치료가 가능 해졌으며

나아 가서 기계적 생화학적

인공기관을 제작하여 사용하는 단계에 이르렀다.

그렇지만 아직도 소재의 불완전성,

금속성 기기나 타인의 신체 이식에 대한 거부반응,

인공혈액 기능의 한계성,

췌장과 신장 등의 생화학적 미확인 기능,

인공심장의 배터리 수명 등은

많은 문제점을 가지고 있다.

이러한 생명 보조 기기들의
연구개발의 결과가 상용화 되서 일부 성공을 하고 있어도
다소의 생명을 연장하고 질병의 고통을 완화하기는 하였지만,

아직 인간의 평균 수명은
100년을 넘지 못하고 있는 한계를 가지고

13-15. 우주시대의 생명과 건강

이제 우주시대를 열어 가기 위하여는
인간의 수명의 반영구적인 연장과
완전 무병의 이상을 실현해야 하는 것이
필연적인 과제로 다가왔다.

우주시대를 열기 위한 갈망과
지금까지의 인간생명과학 연구의 기초가
무병장수 영생불사의 인간 수명 시대를 여는
계기가 될 것이라 생각한다.

특히 연구 개발 과정에 있는
바이오반도체의 기술이 개발되고,

인간이 추구하는 인체일체형

사고기능동조시스템을 갖게 된다면,

두뇌 내장형 인조두뇌가

인간의 감성 추리 논리까지 대신하고

스스로 지능을 개발 향상하며

인간을 보조하여

인간이 무한 능력을 발휘할 수 있는 단계로

발전 진입하게 될 것이다.

13-16. 우주인과 자가 진단

바이오반도체를 이용하여

무한 정보의 영원한 기억이 가능해지고,

각 신체기능의 정보를 실시간으로 감지하여

자가진단 자가예방 자가처방을 할 수 있게 되고

두뇌를 비롯한 신체 각 부위를 자동 재생하며

반 영구적으로 기능을 유지 향상시킬 수 있게 된다.

인간이 지구계에서

우주개척을 위한 기술개발과 시험에 성공을 하게 되면

태양계를 향한 본격적인 도전이 시작되고,
태양계를 벗어나 은하계를 향한 시도를 하게 될 것이다.

초광속으로도 몇 백 광년이 소요되는
우주를 향해 가기 위해서는

공간과 시간을 초월하는 것과 함께
인간의 무한수명과 전능한 능력이 필요하다.

이러한 수명과 능력은
지구인의 신체적 조건으로는 불가능하다.

따라서
우주인으로써의 조건에 맞는
새로운 종이 출현해야 할 것이며
모태인간은 이의 해결을 위하여
인조우주인을 탄생시키게 될 것이다.

13-17. 우주인과 우주시간

우주시대에 인간은

스스로 자신의 RNA, DNA를 조작하여

우주인으로써의 진화 발전을 시도하게 되고,

원자배터리, 빛 배터리 등과 함께

자장의 진동을 이용한 물리적 동력원을 장착한 심장으로

영생불사를 얻게 되고,

바이오반도체를 장착한 두뇌는

초광속우주선의 상태를 스스로 판단하여

우주선을 운전하게 될 것이며,

2222년에는 현실로 실현이 될 것이다.

그것이 현실이 되는 시간은
인간이 직접 우주선을 타고
태양계를 여행하는 시점부터 가능하게 될 것이고
그 시점은 향후 200년 내가 될 것이다.

이 때가 되면 인간의 시간 개념은
광년과 빛의 속도를 기준으로 하는
시간 개념으로 다시 정립이 될 것이다.

초광속우주선을 조작하기 위하여는
30만분의 1초를 인식 통제해야 되고,
광년의 거리를 인식하고 운영 할 수 있어야 한다.

인간의 시간은
달의 지구 공전을 기준으로 했던 시간 개념에서
지구의 자전과 공전을 기준으로 하는 시간을 인식하고,

더 나아가
광속의 속도와 광년의 거리를 인식하고 관리하는
우주시간이 함께 존재하게 될 것이다.

이 우주시대가 되면

인간은
찰나의 시간과 영겁의 시간을 함께 체험하고 운영하며
영생의 세계로 들어갈 수 있는 문 앞에 서게 될 것이다.

이러한 생명과 시간의 개념적 혁신은
인간 사상과 생활에 엄청난 천지개벽을 초래하게 될 것이다.

CHAPTER 14

수명과 건강

수명과 건강

우주를 향한 도전에서 개발되는 이론과 기술은
인류의 삶 전반에 대하여 무한 우주만큼
광범위하고 깊은 변혁을 초래하게 될 것이다.

무한 공간에서의 생존 기술,
관념적 가상공간에서 정신적 삶,
광속 광년으로 시간 개념의 확대,

영생불사의 생명공학,
무한 무공해 우주물리 에너지의 개발,

휴대용 원자력 발전기와 배터리,

우주화학 기술에 의한 무공해 섬유,
무섭취 무배설 영양제,
지능의 기능을 가진 신소재 등

수많은 우주과학이론과
그에 따르는 우주기술에 의하여
새로운 산업이 탄생하고

인간의 새로운 삶이 전개되며
새로운 사회관계가 생겨 날 것이다.

우주인을 위한
인조두뇌, 인조심장, 완전영양제 기술은
인간의 생명과 건강을 관리하는 기술로 활용되어
인간을 무병장생 영생불사 하게 하는 의술로
상용화 될 것이다.

원자력배터리의 전력과
AI 지능을 장착한 인공심장은
반 영구적으로 고장 없이 자동으로
심장의 수명을 연장함으로써

인간 수명 천년을 가능하게 할 것이다.

세포핵의 DNA를 반도체와 융합하여
생체 일체형 반도체를 개발하여
인간 두뇌와 공명하게 함으로써

두뇌의 기억력, 정보처리 능력을 극대화하여
인간의 이성적 감성적 사고 역량을
신의 경지까지 끌어 올리게 되고,

신경계의 기능을 무한대로 유지하여
인간의 생체 수명을 거의 무한대로 연장하게 될 것이다.

생명공학에 의한 DNA 기술은
인체의 호흡기능 및 소화기능의 각 기관과 부속 기관들을
주기 점검으로 수리 및 재생을 시켜 사용할 수 있게 되고,

생체 배양 기술에 의해 각 기관을
주문 생산하여 교체하게 됨으로써
수명연장과 건강 재활에 길을 열어
건강한 삶을 반 영구적으로 보장하게 될 것이다.

합성한 완전 영양제는
섭취에서 배설의 기능을 최소화하여
호흡기능계통과 소화기능계통의 부담을 최소화함으로써
그로 인한 질병을 원천적으로 제거하여
통증 없는 편안한 삶을 제공하게 될 것이다.

합성영양제는 연소 후에 잔여물을
땀과 호흡으로 배출하게 될 것이다.

인류는
바이러스와 박테리아 등의
인체 외적 원인에 의한 질병으로
많은 고통을 겪기도 하고,
대량 죽음의 원인이 되기도 했지만
저항력과 번식능력으로
종족을 보존하고 더 번성하여 왔다.

우주시대에는 생명공학기술로
이들 바이러스와 박테리아로 인한 질병 역시
원천적으로 방어할 수 있게 될 것이다.

온도 압력 습도에 자동적으로 반응하는

지능형 신소재, 인조섬유, 인조피부는

인간을 여러가지 환경에 쉽게 적응할 수 있게 하고

위험에서 보호받을 수 있게 하여

인간의 삶을 안락하고 안전하며 건강하게 향상시킬 것이다.

CHAPTER 15

미래의 인종

인종의 분류는 역사적으로는 자연진화에 의한 분류를 하고 현존 인간에 대하여는 피부의 색깔로 분류를 하기도 하지만 미래에는 신의 창조인과 인간 제조인으로 분류가 될 것이다.

15-1. 자연 진화적 종의 분류

유전학적으로

인간은 유인원에서 발원하여 원시인의 과정을 거치며

과학적 지식의 축적을 통하여 문명인으로 발전하여 왔음으로

고고학적 측면에서는

인간의 종을 유인원 원시인 문명인으로 분류한다.

하등 생명체에서 이러한 자연적 진화를 통하여

현대의 문명인이 출현하기까지는 수십 억년이 걸렸고

유인원에서 원시인의 과정을 거쳐 문명인이 되기까지는

몇 백만 년이 걸렸다.

같은 문명인의 시대에서는

인간을 피부의 색으로 구분하여

흑인종 황인종 백인종으로 분류를 한다.

15-2. 우주시대의 종의 분류

우주시대에는

신으로부터 영혼을 받은 모태인간과

우주와 지구 개발에 필요하여

모태인간이 유전자 조작으로

특화 진화 시킨 인조인간인

인조우주인과 인조지구인이 탄생하게 될 것이다.

이렇게

모태인간, 인조우주인간, 인조지구인간이 함께하는

새로운 종의 분류가 일어날 것이다.

다윈이 정립한 자연 진화론에 의한

유인원 원시인 문명인의 고고학적 분류는

인간 진화의 역사적 연구 이론으로 남을 것이며

피부의 색으로 구분하는 인종의 구분은

유전자조작기술을 미용의술에 도입하여

피부의 색을 희망에 따라 변화를 시킴으로써

그 분류의 개념은 추억으로 남게 될 것이다.

시간 공간 생명에 종속되었던 인간은

이렇게 저항하고 도전을 해서 극복하고

그것을 운영하고 지배하게 될 것이다.

인간이

자신의 필요에 의해서

현재의 생명공학기술을 이용하여

자신을 닮은 인조인간들을 만드는 시간은

앞으로 50년에서 100년 사이에 현실로 실현될 것이다.

15-3. 인간의 창조와 죽음

단군신화를 비롯하여
동물이 인간으로 변신하는 전설은
여러 나라에 있으나

신앙의 믿음을 가졌든 안 가졌든
가장 오래 된 역사적 기록으로는
성경의 구약 창세기에 나오는 신의 창조설이다.

하나님은 우주를 창조하고
마지막에 인간 아담을 창조했으며
그 갈비뼈 하나를 뽑아서 이브를 만들고

함께 에덴에서 살게 하였다.

진화론과 창조론의 논쟁도 있지만
이러한 학문적 논쟁은
관련 학문을 하는 학자들에게 맡겨 놓고

생각해 볼 수 있는 하나의 관찰 대상은
신이 아담을 창조하고 그 갈비뼈 중 하나를 뽑아
이브를 탄생시켰다는 말씀이다.

신이 흙으로 인체를 만들고
그 인체에 영혼을 넣어 인간을 창조 하심으로써
신의 창조물인 아담을 최초로 탄생시키고,
다음에 이브를 탄생시켰다.

여기에서
유의할 중요한 관점이 있다.

신이 우주를 창조할 때 영혼을 불어넣은 것은
인간의 시조인 아담에게만 행한 의식이다.

앞으로 인간은

자신의 세포를 분리하여 다시 증식을 시켜서

인간의 육체적 기능을 만들어 내고,

그 인조인간에게 지적 능력을 부여하여

새로운 종의 탄생을 하게 되는 것이다.

신이

아담과 이브를 창조하는 과정과

유사한 과정이 연상된다.

신은 최초의 인간인

아담과 이브를 창조 하실 때

흙으로 육체를 빚고 영혼을 불어넣는

창조의 과정에서,

인간의 후손을 번식시키는 방법으로

아담과 이부의 생식 시스템을 통하여

성교의 방식으로 생식시스템이 교합하는 순간에

새로운 생명의 영혼을 부여하는 것은 스스로 이행하고

이브의 자궁에서 육체의 기반을 만들고

출생 후에 아담과 이브에게 육체적 양육을 맡겨서

영혼에 의한 영성능력을 가진 인간 탄생을 주도하고 있다

따라서

인간은 죽음에 대하여

신이 자신이 부여한 영혼을 거두어 가고

육체는 그 본질인 흙으로 돌아가는 것이라고,

신앙적으로 인식을 하고 정의를 하고 있다.

대부분의 종교가 거의 동일한 인식을 한다.

15-4. 인간의 영성적 능력

인간의 이 영적능력은

정자와 난자의 교합의 순간에

이미 신으로부터 받게 되는 것이며

감성적 능력은

영적능력을 받을 때 그 본성이 부여되고

그 후에 학습을 통하여 증진하게 된다.

지성적 이성적 능력은

이 사랑의 교합 이후에

교육과 훈련 자습과 경험을 통하여

성숙하게 되는 것이다.

영적능력은

인간만이 신으로부터 부여된 것이며

인간 능력의 가장 원초적인 것이며

인간의 본질이고 기본인 것이다.

모태를 통하여

영적능력을 부여 받은 인간이

즉 모태인간인 것이다.

15-5. 인조인간의 지적능력

모태인간이

자신을 닮은 인조인을 만들 때

자신이 신으로부터 받은

이 영적 능력을 전위 할 수 있을 것인가?

모태인간은 인조인간들에게

관념의 대상이고 관념의 세계이며

신의 고유한 능력이고 권한인

영적능력을 줄 수 없을 뿐만 아니라

오히려

그들을 조종하고 관리하기 위한

세뇌반도체를 체내에 주입하여
모태인간으로부터의 이탈을
완벽하게 통제하게 될 것이다.

역사적으로
인간은 같은 인간끼리
주인과 노예로 사회관계를 만든 적이 있다.

전쟁에서 잡아온 포로를
권력의 물리적 힘으로 통제를 하며
노예로 부리고 검투사로 즐긴 적이 있고

남성을 제거하여 육체적 약화를 시켜
내시로 부린 적이 있으며

지적으로 미개한 인종을 잡아와서
노동의 노예로 부린 적이 있으며

지금도 경제적 취약 국가에 가면
부유층 또는 선진국 사람들이
이러한 주종의 관계로

원주민을 고용하는 것을 볼 수가 있다.

하늘의 신이
자신의 창조물인 인간에게
인간다운 삶을 위한 신앙의 사역을 맡기 듯이

모태인간 또한
자신이 진화 탄생시킨 인조인간들에게
임무를 맡기고 종속되도록 관리를 할 것이다.

모태인간은
인조인간들에게
생체반도체를 이용하여 지적능력을 부여하고

세뇌칩으로 복종과 충성을 하도록 하여
주종의 관계를 관리하게 될 것이다.

모태인간 만이 가질 수 있는
영성의 능력은 신으로부터 받는 것이며
그 능력의 핵심은 마음 양심 희망 행복 신앙의 영역이며

그 영역은

도덕 윤리 선,

창의력 희망 성취감,

사랑 만족감 등의 영역이다.

CHAPTER 16

미래의 의식주

우주 개발에서
새로 개발하는 제반 기술들은
인간의 의식주에 대변혁을 주고

우주시대의 새로운 감성은
유행도 차원이 달라 지게 할 것이며,

이로 인한 사회규범과 질서도
전혀 다른 가치관으로 나타나게 될 것이다.

16-1. 주입형 정제형 영양식

모태인간이

특화 진화하게 하여 분화한 인조우주인은

우주 여행을 위하여

섭취 소화 배설이라는 과정이 생략되고

완전하게 정제된 영양제의 주입 또는 정제영양제의 섭취로

영양을 공급받으며

소량으로 수년 내지는 수십년

영양 공급이 가능하게 될 것이다.

인조우주인의 우주 여행을 위하여 개발된

이 영양제는 인조지구인에게도 적용이 되어

효율적 활동을 지원하게 될 것이다.

모태인간은 스마트 농장에서

인조인간이 재배 또는 양식한

각종 식재료를 이용하여 요리한

다양한 음식의 식도락을 즐기며

동시에

소화기 계통의 부하를 줄이고

인체에 필요한 영양의 균형을 위하여

농축된 완전영양제를 함께 섭취하게 될 것이다

16-2. 자연섬유합성

우주 개발을 위하여는
우주여행에 적합한
신소재들의 연구개발이 진행될 것이며
건강한 지구를 위하여 화학섬유 소재는
최대한 억제를 하게 되고

석유와 석탄의 사용은
세계적으로 더욱 억제를 하게 될 것이다.

이에 따라
현재의 합성섬유를 더 친환경적이고 친인간적으로
개선하는 기술을 연구 개발할 것이다.

16-3. 생물학적 자연섬유의 배양과 합성

목화 삼 같은 식물이나 나무의 식물성 섬유질,
양, 소 등의 털 또는 가죽 등의 동물성 섬유질,
누에나 거미가 생성하는 곤충의 섬유질 내지는
벌 등이 생성하는 밀납 등을,

인류의 생활용 섬유나 소재로
더 적극적이고 광범위하게 사용하는데 대하여
과학자들은 다시 관심을 가지고 연구를 하여,

생명공학적 기술을 장착한 스마트 공장에서
세포의 대량 속성 배양을 하여 생산하게 될 것이다.

물과 탄소와 햇빛을 이용하여
식물성 섬유를 합성하거나,

동물의 세포조직 생성과정이나
곤충들의 섬유 분출 과정에 대한 연구로

다양한 환경친화적이고 건강친화적이며
기능성이 보강된 지능섬유 및 소재들을
공장에서 대량 생산하게 될 것이다.

생물학적 섬유를 우주 환경에서
특수 목적으로 대량생산하거나

우주개발 과정에서
새로운 소재를 찾아 내어
인류의 생활에 활용함으로써
새로운 패션의 패러다임이 출현하게 될 것이다.

16-4. 신소재 섬유와 패션

생물학적 신소재 섬유와

우주 섬유를 이용하여

다양한 미적 패션의 용도는 물론이고

우주시대 우주생활에 적합한

기능성 패션들이 개발될 것이다.

미적 패션의 용도를 넘어

다양한 우주생활에 맞는

기능성 패션들이 개발될 것이다.

모태인간들에게는

미적 감성적 개성적 디자인이 더욱 심화될 것이며,

인조인간의 의복은

활동성 편의성 적합성과

인체일체형 제복형 기능성 패션이 될 것이다.

금속보다 단단하고

가죽처럼 신축성과 인장강도가 있으며

깃털처럼 가볍고 부드럽고 투명하며

성형이 쉽고 불연성이며

온도와 압력에 지능적으로 대응하면서

인체피부의 기능과 동조 공명할 수 있는 섬유 개발로

다양한 인간생활의

환경과 상황에 적응할 수 있으며

인체를 보호하며 활동을 지원할 수 있는

고도의 기능성 의상도 출현하게 될 것이다.

이러한 섬유는

화재나 알레르기 염려가 없는

건축이나 의복에 사용이 되어

인간의 생활을 더욱 안전하고 쾌적하게 할 것이다.

더 나아가서

컴퓨터, 근육조직, 비행기능을 장착한

신소재 의상이 개발되어 가방에 접어 넣어 휴대하고

이동할 때는 착용을 하고 비행을 할 수 있는 시대가 될 것이다.

16-5. 주거와 건축

미래의 인간의 건축은

재료의 규격화 정형화 뿐만 아니라

신소재섬유를 이용하여 경량화 하고

3D 프린팅 건축용 자재가 개발 되어

로봇의 건축 작업에 적합하도록 규격화 되며

난방과 냉방 및 공기 정화가 스스로 되는 건물이

3D 프린팅 기술로 건축될 것이다.

16-6. 신개념 주택 설계

아파트 같은 공동주택은

기성 주택을 미달이 설합식으로

밀어 넣을 수 있도록 구조물을 먼저 만들고

공장에서 표준설계에

주문형 옵션을 추가해서

개별 집들이 3D 기술로 제작이 되면

원자력배터리를 장착한

드론으로 운반을 하여

집 한 채 단위로 설합을 끼워 넣듯이

밀어 넣을 수 있게 설계가 될 것이다.

캐리번에 주거 기능을 더 확장하여

컨베이어식 주차건물 같은 방식으로

주택 건물을 설계할 수도 있을 것이다.

이렇게 건축 공법이

가정 단위로 바뀜으로써

단지형 주택도 개별화가 가능 할 것이다.

이렇게 되면 이사를 할 때도

집의 공간에 대한 권리만 매매를 하고

짐을 쌀 필요 없이 집 전체를 이동하면 된다.

아파트의 분양 방식도

지금처럼 미리 주문을 받고

모든 집을 완공한 다음에

한 번에 입주를 하는 것이 아니라

개별적으로 주문을 받아서

개별적으로 즉시 공급을 하는 방식이 될 것이다.

이렇게 되면

지상의 공간도 분할을 해서 매매를 하고

공간 소유권에 대한 법적 권리가 형성되게 될 것이다.

이와 유사한 권리가

해저와 해면의 소유권이 그에 해당할 것이다.

즉 소유권이 평면적 공간에서

입체적 공간으로 확대되고 분할 되는 것이다.

지상 몇 미터 상공에서

"가로x세로x높이"에 해당하는 공간의

지리정보를 설정하고 이를 거래하며

권리 등기를 할 수 있게 될 것이다.

16-7. 육해공 주택과 건축

가정용 소형 독립 발전소를 소유하고

개인별 수.육.공 겸용 이동체를 소유함으로써

육지의 도로가 없는 곳에서도 생활이 가능해지므로

이에 따른 주택의 개념도 바뀌게 될 것이다.

육지에서는

카메라의 삼각대처럼

여러 개의 지지대가 지형에 따라

각각 자동으로 수평 조정을 할 수 있는

주택 지지용 구조물을 만들고

그 위에

공장에서 3D 프린터로 제작한 주택을

공중 운반을 하여 얹어 놓는 공법이 개발되어

길이 없는 대지나 임야 산에도 주택을 지을 수 있고

자유롭게 주택 자체를 다른 곳으로 옮길 수 있게 될 것이다.

이와 같은 개념으로 독립된 형태의

공중 및 해상의 부양 주택이나

해저 수중 주택이 만들어지는 것이

상상을 넘어 현실로 가능 할 것이라 생각한다.

이에 따라

수중을 마음대로 간편하게

넘나들 수 있는 이동체가 개발될 것이고

수중 건축 소재가 개발이 되고 건축 기술이 개발될 것이며

수중 건축물의 유지관리를 위한 원자에너지가 상용화될 것이다

이렇게 수중의 공간도

각국의 잠수함들의 각축장을 넘어

인류 모두의 새로운 생활공간으로 개발이 되어

육상 동물처럼 수중 생물들과 인간이 공생하는 공간이 될 것이다.

16-8. 주거환경과 생활양식

각 가정에는

개인용 드론 착륙장이나

잠수정 정박장이 딸려 있고

신소재 의류섬유로 디자인된

개인 비행복에 드론식의 날개를 달고

비둘기처럼 집을 드나들고

개인 착용식 동력 잠수복을 입고

산호초 숲에 강력 유리로 집을 짓고

인어처럼 집을 드나드는

낭만의 미래를 상상해 본다.

주택의 모든 전력은

주택용 휴대용 개인용 원자력 발전기가 공급을 하고

통신은 내장형 통신칩을 이용하게 될 것이며

식수와 용수는

육지와 공중에서는

드론이 주문에 따라 배달을 할 것이며

바다에서는 바닷물을 탈염 하여 사용하고

오수는 오수통에 모여서 수거가 될 것이고

쓰레기는 가사 로봇이 처리를 하게 될 것이다.

이렇게 집의 스펙이 바뀌게 되면

전선 전화선 수도관 오수관이 별도로 필요 없고

냉방 난방 장치는 물론이고

냉장고 온장고가 일체화 된 주택이

설계되고 건축되어 공장에서 양산이 되어

주문에 따라 즉시 배달이 될 수 있을 것이다.

이렇게 하여 우주공간도 국가의 영토로 형성되고

개인의 소유권이 정립이 되며 새로운 가치로 등장할 것이며,

공중과 해상 해저에는

개인들의 이동을 위한 항로가 설정이 되고

공중교통법규와 안전수칙과 면허가 등장할 것이다.

CHAPTER 17

환경

지구환경은 서로 역행하는 환경 상황을 가지고 있다.

고도의 과학기술의 발전으로
인간의 건강을 향상하고 생명을 연장했고,
종자와 농자재를 개발해서 식량생산을 늘리고
다양한 에너지와 소재를 개발해서
인류의 문명적 문화적 삶의 환경은 급속도로 향상되고 있다.

이러한 인류의 문명적 삶의 환경이 향상되는 이면에는
그러한 문명적 이기를 위하여 자연을 파괴하고
생활폐기물의 양산으로 환경을 오염하고 있다.

신재생에너지를 사용하여 환경오염을 방지한다는
상업주의적 명분으로 태양광 풍력 조력 등의
시설물들을 설치하여 자연을 원천적으로 훼손함으로써
오히려 자생적 회복력을 파괴하고 있다.

현재까지의 인위적 방법으로는 사막화, 오존층 파괴, 빙하의 감소,
자원의 고갈 등 근본적인 지구의 환경의 악화 문제를 해결할 수가 없다.

인류의 종말론 또는 멸망론에서 신의 심판론, 행성 충돌론, 화산 폭발론,
핵전쟁론 등이 있고 거기에 환경파괴론이 있다.

아마도 이 환경파괴론이 가장 과학적이고 현실적이며 파괴적이라고
생각 한다.

그렇지만 과학자들은 우주개발 과정에서 태양의 물리화학적 연구
개발과 양자물리화학의 이용기술의 연구 개발 원자에너지의
이용기술을 개발해서 인류 삶에 적용하게 될 것이다.

미 발견 우주의 빛 자장 인력 등의
새로운 물리적 에너지를 개발 이용하게 될 것이며

우주정거장에 태양 빛의 방향 조정 기능 장착 등으로
수십년 내에 인공 태양이 가능하게 될 것이다.

이러한 과학기술들은 지금까지 소극적인 지구환경 개선 방법에서
보다 근본적이고 적극적이 방법을 개발해서 환경 문제를 원천적으로
해결하게 될 것이다.

17-1. 인공태양과 지구환경

인공태양 기술이

발전을 하고 상용화 되면

지구 곳곳에 지역별로 인공태양이 설치가 되고

이를 통하여

인위적 대류를 만들어 기후를 조절하고

필요시에 인공강우를 내리게 하여

지구에는

열대와 한대의 문제가 없어지고

사막이나 황무지가 없어지게 되므로

쾌적한 삶의 환경이 확대될 것이며

지구의 경제적 가치를 더욱 높이게 될 것이다.

양자물리화학적 기술과 우주에너지 발견으로

청정에너지 생산 이용이 일상화됨으로써

대기권의 오존 파괴를 방지할 뿐만 아니라

인공위성을 이용한

대기권 밖에서의 생산 활동을 확대함과 동시에

공기의 정화와 함께 오존층 재생 기술이 활용되어

지구의 환경 재생을 하게 될 것이다.

농산물은 태양과 인공태양을 이용하고

스마트 농장에서 생명공학 기술로 재배를 함으로써

병충해를 예방하고 자연재해를 피함으로써

무공해 무농약 청정 농산물을 기후에 관계없이

일년내내 어느 곳에서나 경제적으로 생산할 수 있게 된다.

공기중 산소 화합물을 분해하여 산소의 양을

인간 생활의 최적치로 유지할 수 있을 것이며

환경이 자연의 원형을 찾음으로써

생명체들의 생존환경이 개선되어

자연의 순환이 정상을 회복하게 될 것이다.

인간이 사용하는 모든 기기는

유기화합물을 사용하지 않고

물리적 에너지를 이용함으로써

연소에 의한 공해물질이 생성되지 않고

동시에 유기화합물의 소재가 없어지므로

쓰레기 및 폐기물로 인한 공해도 사라지게 될 것이다.

17-2. 자연친화적 식자재 생산

쌀 밀 콩 보리 등의 주식용 곡물은
화학비료 대신에 생물학적 방법을 사용하고
유독성 화학 농약을 사용하지 않고
유전자기술을 이용한 생육을 하고
채소나 과일 등의 부식자재는
스마트 농장에서 무농약 재배를 함으로써

토질의 오염을 방지하고
자연친화적 식자재를 생산하여

지구의 건강을 회복하고
식자재의 독성으로 인한

인간과 동물의 질병을 예방하게 될 것이다.

육지의 인간생활에서
공해물질을 사용하지 않고
쓰레기를 프라즈마 소각으로 완전처리를 하며
해상의 물류시스템들이 원자에너지를 이용하여
해양의 오염을 원천적으로 제거할 수가 있게 된다.

이렇게 하여
지구는 육해공에서 완전한 건강을 다시 회복하게 되고
지구에서의 인간은 우주내에서 가장 쾌적한 환경 속에서
안락한 삶을 영위할 수 있게 될 것이다.

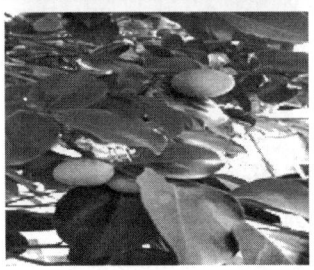

CHAPTER 18
사회와 이념

인간이 삶을 영위하는 공간이
우주로 확대됨과 동시에,
관념적 공간인 가상공간까지 창조가 된다.

남녀가
사랑으로 잉태하여 탄생한 모태인간과

인간이 유전자 기술을 이용하여
자궁 밖에서 진화하게 한 인조인간이 공존을 하면서
인격과 인권의 개념도 새롭게 정립되어야 할 것이며
법적인 지위와 사회적인 역할도 재 정립이 될 것이다.

한 편으로 모태인간은
우성학적 진화와 도태의 과정을 거쳐
인조인간을 지배할 수 있는 역량을 확보하게 될 것이다.

시간이 지구계의 범위를 넘어
우주의 개념으로 바뀌게 되고,
속도가 광속으로 바뀌게 되면서
인간 생활의 개념도 달라지게 될 것이다.

인간 수명도 천년을 향유하게 되면서
생사의 개념도 새로 정의가 될 것이다.

인간의 사유의 세계도
유물적 세계와 관념적 세계가
더욱 넓어지고 깊어지며 다양해지게 된다.

이렇게 인류의 삶이
지구계를 벗어나 우주를 영위하게 되면서
기존의 사상과 철학, 이념과 사회, 가치관 등이
재 정립될 수밖에 없다.

18-1. 사상과 철학

현재의 인간은 경제적 선진국이 아니면
평균 수명이 60을 넘지 못하고 있다.

이런 짧은 수명에 대하여
사람들 모두 아쉬워하고 최대의 소망이
건강하게 더 오래 살고자 하는 것이므로

그 짧은 시간 속에서
자신의 존재가치를 인식하려고
많은 고뇌를 하게 된다.

내세에 부자가 되는 것보다

가난해도 현세가 더 좋다는 말이 있다.

인간의 생사관에 대한 한 단면을 보여주는 것이다.

한 사람의 기본적 가치관에 대하여는

그 사람의 인생관 세계관을 통하여 인식하게 된다.

이제 수십년 내에

우주가 인간의 실생활계에 들어오게 되면

인간의 우주관은 인생관 세계관과 함께

그 사람의 사상과 철학을 인식하는데

매우 중요하고 새로운 관심의 대상이 될 것이다

몇 십 광년의 거리의 별을 향하여 여행을 떠나야 하고

지구 시간으로 몇 백 년, 몇 천년 후에 돌아와야 하는

인류의 생사관은 어떻게 승화될 것인가?

우주여행을 위하여

뇌의 지능은 컴퓨터를 능가하면서

순환기와 소화기능은 최소화된 인조우지인과

지구에서 노동을 담당하기 위하여
뇌 기능 보다는 상대적으로 육체적 기능이 우월한 인조지구인과

영성적 역량이 탁월하게 진화한
모태인간이 공존하게 되는 인류 사회에는
어떤 정신적 가치관이 정립될 것이며

모태인간에게 종속적 관계에 있는
인조우주인과 인조지구인의 사회적 위치와 권리는
어떻게 정립이 될 것인가?

모태인간과 달리
인조우주인과 인조지구인에게도
인생관 세계관 우주관이라는
정신적 가치의식이 있을 수 있는 것인가?

인조인간을 탄생시킬 때에
노동을 위한 지식 이외에
감성과 영성도 부여해야 할 것인가?

18-2. 우주관

지금까지 지구의 인류와 우주의 관계는
태양과 달과 별의 빛으로 인한 명암과 밤낮
만유인력으로 인한 영향으로 밀물과 썰물
유성의 충돌을 염려하는 범위 내에 있었다.

인간이 직접 우주를 여행하며 탐사를 하고
새로운 우주에서의 과학적 원리를 발견하고
우주를 직접 경영하는 범위가 넓어 지면서

과학적 사상적으로
우주관이 혼란의 과정을 거치며
새로 정립이 되어 갈 것이다.

과학적 이론의
새로운 발견 연구 개발의 과정을 거치며
우주문명이 개척되어 갈 것이며,

공간의 개념이 무한대로 확장이 되고

지구계에서 탄생한 모태인은
스스로 진화하게 하여 만든
인조우주인간, 인조지구인간 사이에
사회적 관계에 대한 사상적 정립을 하고

우주탐사에서 조우하게 될
지능을 가진 외계생명체와 관계에서
새로운 우주관을 정립하게 될 것이다.

모태인간은
앞으로 다가올 우주문명과 문화로 인한
과학적 사회적 혼란을 최소화하고

더 발전적으로 나아가기 위하여
지금부터 이에 관한 연구를 진행해야 한다.

18-3. 경제와 정치

모태인간이

인조우주인과 인조지구인의 활동을

물리적 지적 영적으로 완전히 통제 지배하고

인조우주인과 인조지구인은

모태인간에게 귀속되어 있으므로,

그들에게는

개별적 소유라는 개념이 있을 수 없으며

경제적으로 생산활동의 역할만 하고

소비 활동은 극히 제한적이 될 것이다.

인간의 활동범위가

공간적 시간적으로 무한 확대를 하게 되고

지구계의 3종의 인간과 외계생명체가

우주계에서 공존을 하게 되므로

지구계의 통념으로

인간을 지배할 수 있는

권력의 존재가 불가능 해 진다.

따라서

권력에 의한 통제의 개념이 아니고

영성적 윤리적 지적 역량이 탁월한 모태인간들의

집단 권력 형태로 권력구조가 발전하게 될 것이다.

영적 사상과 가치관으로 원칙을 정하고

지구 정부를 구성하여 우주를 공동 운영하고

그 운영에서 얻어지는 가치들을

공유 교환 분배하는 공생의 이념으로

발전하게 될 것이며

노동을

인조우주인과 인조지구인이

로봇과 함께 대신하게 되고

모태인간은 우주를 경영함으로써

현재까지의

개인적 소유개념은 없어지고,

모태인의 노동도 없어지므로

현재의 공산주의 사회주의

자본주의 시장주의 등의

이론이나 계급투쟁은

무의미한 사상과 이념이 될 것이다.

무한생명 완전한 건강

무한 공간에 대한 사유와 철학

지성 감성 영성의 능력이 같은 인간관계

고뇌와 고통이 없는 충만한 삶

현재와 과거를 넘나드는 시간의 개념은

유물적 재산의 소유를 무의미하게 만들 것이다.

모태인간 사이에서 지적 물질적 수준이

보편적 평준화가 되어 있는 인류사회에서

별도의 권력에 의한 사회조정 기능은 필요가 없을 것이다.

권력의 직위는 없어지고

의견을 전달하고 조정하는 지역대표들이 모여서

우주경영을 위한 원칙과 기준을 정하고 공표하면

모태인간을 보좌하는 인조인간에 의해서

원칙대로 집행이 될 것이다.

즉

영적 윤리적 원칙에 의한 우주 경영 시스템이

물리적 권력기능을 대체하게 될 것이다.

18-4. 지능사회

인간이 있는 사회에서는 어디서나 필요한
법률 행정 금융 의료 등의 공공 서비스는

인조인간들이 정해진 원칙에 따라
"지능화사회서비스시스템"을 운영하여
무상으로 지원을 하게 된다.

교통시설이나 도시 인프라 운영은
지능화된 도시 관리 시스템이
상황에 따라 유연성 있게 운영을 할 것이다.

인문학적 사안이든 자연과학적 사안이든

패턴화 되고 규범화 된 것은
모두 파파고 같은 지능형 정보처리 시스템이
인간을 대신하여 처리를 하게 되고
불규칙한 작업은 지능형 로봇이 대신하게 될 것이다.

불확실성이 높은 지적 육체적 일이면
휴봇이나 인조지구인이 담당을 하게 될 것이다.

인조인간에 의한 양심 범죄는
원천적으로 존재하지 않을 것이며
단지 사고에 의한 과실이 있을 것이다.

모태인간에 의한 양심범죄도
진실을 판단하는 지능 시스템에 의하여
완벽하게 규명될 수가 있기 때문에

인류 사회에 기본적으로 범죄는 있을 수가 없으며
지능화된 사회인프라에 의하여 범죄를 숨길 수가 없다.

특히 모태인간의 경우
영성적으로 우성 진화를 하였기 때문에

본질에 있어서 영적 윤리적 사고와 행동을 하게 되어 있다.

인조인간의 경우는
인간이 지적지능을 부여할 때
범죄적인 인자를 제거하였으므로
원초적으로 범죄의식이 있을 수 없다.

18-5. 교통과 물류

200년 후에는

무한이 확장되는 우주공간 활용의 필요성과

극초음속 초광속의 삶을 영위하게 되는 인류에게 있어서

전체의 지구계가 하나의 공유공간으로 인식이 될 수밖에 없다.

이러한 인식에 의하여 전 세계는

하나의 통일된 주소를 사용하게 되어

동일한 항법장치나 네비게이션을 이용하고

개인 휴대 이동체를 이용하여

세계를 자유롭고 쉽게 여행 할 수 있으며

물체를 무인 이동체를 이용하여 편리하고 정확하게 배송할 수 있을 것이다.

18-6. 지구 표준 위치정보

공간의 소유권 뿐만 아니라

교통과 물류를 지원하기 위한

세계 공통공간의 통일된 표준주소가

다시 정의되어야 할 것이다.

개인이

공간을 자유롭게 이동할 수 있는

수단이 주어 짐으로써

개인 각자가

육상은 물론이고 공중과 해저에서

나아가서 지하에서도 임의로 활동하게 된다.

개인이 각자가 소유하고 조정하는 하나의 이동체로
육상 지하 해상 해저 공중과 우주 여행이 가능하게 되므로
지구는 통일된 하나의 지리정보 표준시스템을 개발해야 한다.

어느 위치를 규정할 때 육상에서는
경도와 위도를 기반으로 하는
2차원의 평면정보를 이용하지만

개인이 해저와 공중을
일상의 생활공간으로 하게 되면
고도정보가 필요하게 된다.

앞으로 원자에너지 공급을 받으며
내장형 AI 항법 장치의 지원을 받는
개인용 휴대착용식 수륙공 겸용 이동체가 개발되면

인간은 우선 지구계 내에서
국경 없이 자유로이 이동을 하게 될 것이며
이 때에는 우선 지구 전체의 표준위치정보가 있어야 한다.

다음은 지구인력권 내에 우주위치정보가 필요 해진다.

바다 표면을 기준으로 하는 "해발"을 기준으로 한 고도 표시는
정확하지가 않고 불합리한 방법이 될 것이다.

지구의 경도 위도 해발을 기준으로 하는 위치정보 외에도
지구인력권 내의 우주공간의 위치정보를 제공할 수 있는
지구계 표준시스템이 연구되어야 할 것이다.

우선 곧 필요해질 지구계의
3차원 위치정보 표준개발을 위해서는
고도의 기준을 지구 중앙점을 기준으로
정하는 것을 생각할 수 있다.

그리고 고도에 따른 평면 정보는
현 경도 위도를 기준으로
더 세분화된 표준우주위치정보를
제정해야 할 것으로 생각 한다.

이렇게 되면 전 지구계가
하나의 표준 위치정보시스템을 갖게 되고,
공동으로 사용함으로써

인류가
지구계를 입체적으로 이동하는데 필요한
표준항법정보와 표준항법시스템을
공유할 수 있게 될 것이다.

이렇게
육상은 물론이고 공중과 해저의 교통항로가
세분화되고 정의됨으로써

자동항법장치에 의해
개인 이동체도 입력한 위치정보의 항로를 따라
운행 법규에 준하여 자율이동을 할 수 있게 될 것이다.

이렇게 됨으로써
지구계의 육지는 물론이고
지하와 공중 해상 해저에 이르는 모든 공간이
인간이 적극적으로 활동할 수 있는 영역으로 열리게 된다.

화물의 이동은
무인 드론에 의하여 수송 및 배달이 될 것이다

네비게이션은

지구계의 모든 육해공을 아우르는

입체적이고 표준적인 위치정보를 제공하게 되어

이동체가 어느 목적지라도 찾아 갈 수 있게 될 것이다.

18-7. 우주 표준 위치정보

다음은

200년 내에 도래할 개인 우주여행을 위한

우주 위치 정보를 정의할 수 있는 표준이 정의되어야 한다.

표준 우주위치 정보 표준이 정해 저야

우주를 여행하는 비행체의

자동항법시스템을 개발해서 이용을 할 수 있고

이 항법시스템을 이용한 공중 네비게이션이 개발되어야

자율비행 이동체에 의한 개인의 우주여행이 가능해질 수 있다.

18-8. 화폐

우주시대가 열리게 되고

세계가 하나의 정치 경제 단위가 되면

각국의 화폐는 도태되고 세계 단일 공용화폐가 통용될 것이며,

따라서

화폐의 환율, 환차손익, 외화결제 등은

제도와 의미가 없어지게 된다.

고도정보화 시대와 함께

우지시대가 열리면서

세계가 하나의 정치 경제 단위가 되고

단일 화폐를 쓰게 되면

유형적 화폐라는 것은

없어지게 되고 발행되지 않을 것이며,

관념적인 화폐의 의미만 남게 될 것이고

거래의 대가는

화폐가치로 환산된 정보만

데이터베이스에 보관이 되었다가

다시 거래가 발생하면

그 가치만큼의 정보만

송금자에게서 수금자에게로

이전되어 기록이 될 것이다.

이렇게

거래에 따르는 화폐의 이동은

그 거래가치만큼의 권리 정보만

거래 당사자간에 이동 변경이 될 것이다.

즉 화폐가 유물적 대상에서

관념적 대상으로 전환이 되는 것이다.

따라서

유물적 화폐의 개념을 바탕으로 하여

전자기술을 도입한 가상화폐라는 것도

그 자체의 의미가 없어지게 될 것이다.

우주공간을 대상으로 한

가치관과 소유의 개념이 대 변혁을 이루면서,

경제적 시스템도 개혁을 이루게 되므로

현재 경제의 중요한 기능을 하고 있는

화폐의 기능과 화폐유통도

우주경제에 맞게

이념과 이론과 시스템이

개벽의 수준으로 변화를 하게 될 것이다.

18-9. 교육

우주시대가 열리면
인간은 모태인, 인조우주인, 인조지구인이
공존하는 사회가 될 것이다.

이 때에는
모태인의 교육과 인조인의 교육은
차원을 달리하게 될 것이다.

그리고
지성적 교육, 감성적 교육과 영성적 교육이
그 목적과 대상에 따라 교육의 방법을 달리 할 것이다.

모태인에게는

영적 능력이 가장 중요하고

이것은

인조인간과 구분되는 능력이므로

영성적 교육과 인성적 교육이 최우선이 될 것이다.

그 다음 지성적 감성적 교육은

지식과 감성 콘텐트가 수록되어 있는

인체일체형 반도체 메모리를 장착하고

그 이용이 익숙해지는 훈련을 하게 되면

이미 확인된 지식이나 기존의 예술적 기능은

별도로 교육이 거의 필요 없는 시대가 될 것이다.

단지

창조적 지식과 예술적 교육이 더 발전하게 될 것이다.

영성적 인성적 교육과

창조역량을 배양하는 교육은

유물적 실체가 없기 때문에

패턴화 해서 콘텐트로 만들어

전자 메모리에 저장할 수가 없으므로

별도의 특수 교육이 필요하다.

그렇지만

이 교육은 모태인간에게만 필요한 것이며,

정자와 난자가 자궁에서 교합하는 순간에

신으로부터 선천적으로 받는 영성적인 것이 있고

태교와 부모의 사랑을 통해서

장시간에 걸친 교육과 훈련으로

후천적으로 쌓아가는 인성적인 것이 있다.

창조적 교육은

영성적 인성적 역량을 바탕으로 하여

출생 후 성장 과정에서 배우게 된다.

미래 우주시대의 모태인은

선천적인 영성적 능력과

후천적인 인성적 능력이

서로 다름을 인지하게 될 것이다.

모태인의 이 영성적 인성적 능력이
지성적 감성적 능력만 있는 인조인과 다른 점이며
인조인을 지배하는 능력이 될 것이다

영성적 능력은 신과의 교감 능력이고
인성적 능력은 윤리와 정의 창의력이다.

따라서
모태인은 태생적으로 인조인간보다
신앙과 윤리관이 더 강하게 된다.

모태인은 이러한 영성적 인성적 능력으로
스스로 열성적 인자를 도태하고
우성적 인자를 더욱 진화 시켜서,

2222년 우주시대에
모태인간은 스스로 저지르는 양심 범죄는
거의 없어지게 될 것이다.

인조인간들에게는

영적 능력이 필요하지도 않고

모태인이 인조인간을 관리하기 위하여

교육을 시킬 필요도 없다.

모태인이 인조인간에게

임무를 부여하는 목적에 따라

필요한 지성적 감성적 능력을

인조두뇌에 담아서 인조인간에게

제한적으로 이전하면 될 것이다.

이 또한 필요한 지성적 감성적 지식을

인체일체형 메모리를 이용해서

그 능력을 부여할 수 있을 것이다.

인간이 인류 역사에서 발견하고 발명해서

쌓아 온 방대한 지식을 장시간에 걸쳐서

가르치고 배워야 하는 번거로움은 사라지고,

시험을 보느라고 노심초사할 필요도 없어지게 될 것이다.

물론 이러한 인류의 삶의 형태가 개벽을 함에 따라
교육의 목적과 방법과 시스템도 개벽을 해야만 한다.

또한 모태인이 스스로
박사 의사 변호사 회계사 기술사 등의
자격을 딸 필요도 없어지고,

입학시험 사법고시 행정고시 등
자격을 따기 위해서 일생 동안 수많은 시험을 보려고
고뇌하는 것도 사라지게 될 것이다

지적 노동이든 육체적 노동이든
인조인간들이 직능 별 기능 별로
모든 것을 대행하는 시대가 열릴 것이다.

18-10. 권력구조와 질서

2222년에는

3종의 인간이 지구상에 존재하고

외계생명체가 함께 생활을 하게 되고,

지구에는

모태인간이 지배하는 지구통합정부가 존재할 것이다.

정부운영에는

모태인간만이 참여를 하게 되고

인조인간들에게는 정부운영의 참정권을

부여하지 않을 것이다.

이 지구통합정부는 지구를 중심으로 개척된
우주공간을 통괄하는 정부가 될 것이다.

지구통합정부의
우주통괄 헌법이 만들어지고

모태인간의
신분과 권한을 규범 하는 기본법이 만들어지고

인조인간의
신분과 권리를 규정하고 통제하는
부속법이 만들어질 것이다.

지능을 가진 로봇의 운영과 규제에 대한
통제법이 만들어질 것이다.

그 외에 외계생명체가
지구계에서 활동하는 규범들이 만들어질 것이다

이렇게 하여
모태인간과 인조인간, 지능로봇이

지구상에 공존하면서 우주를 개발해가는
위치와 역할과 권한이 체계적으로 정의되고
그에 따른 규범과 질서가 정립될 거이다.

법정에서는
수사 행위는 인조인간이 하고
지능 로봇이 피의자 진술의 양심적 진위를 확인하고
인조인간이 법적인 해석을 지원해서

모태인이 최종 판결을 하게 됨으로써
재판의 투명성과 판결의 정확성이 확보될 것이다.

이러한 권력구조와
행정적 사법적 절차와 행위에 따라
투명하고 정의로운 사회와 정부로 발전할 것이다.

고도의 지능화와 투명화 공정화 자율화 사회로 발전하여
정치적 역할은 대폭 축소가 되고 윤리에 기반하여
법률 시스템도 매우 단순화 슬림화 될 것이다.

18-11. 법의 고민

우주시대가 도래하면서

인간은 법의 정의에 대한 고민을 하게 될 것이다.

지구상에 지능을 가진 생명체와 기계들이 공존을 하게 되고,

나아가서는 외계생명체가 아우러지는 사회가 도래하게 된다.

인간에 대한 관계법의 제정 해석을 위해서

모태인간과 인조인간의 법적 위상과 책임과 권한을

어떻게 정의해야 할 것인가?

모태인간을 중심으로 법이 제정이 될 때에

인조인간의 법적 위상과 판단을

동일하게 할 것인가 차별화해야 할 것인가?

인조인간이
법적인 판단의 대상이 되었을 때
그 판단의 대상에 인조인간을
독립적 인격으로 판단을 할 수 있는 것인지

주인인 모태인간과 종속적 존재인 인조인간을
연좌 관계로 판단해야 할 것인지에 대한
법적 해석의 고민을 해야만 할 것이다.

지능을 가지고 독자적으로 움직이는
로봇에 의한 법적 위배사항이 발생했을 때 역시

로봇이라는 지능적 기계에 대하여
독립적 판단을 해야 할 것인지

주인인 모태인간 또는 인조인간의 종속적 관계로
연좌해서 해석과 판단을 해야 할 것인지도
법률적 연구의 대상이 되고

외계생명체가
지구에 와서 활동하는 것에 대한 법적 문제

지구인이
외계에서 활동하며 발생하는 법적 문제 등도
지금부터 연구해야 할 대상들이다

우선 기본적으로
이러한 사항들에 대한 법적인 정의가 연구 개발되어야
그에 연관되는 관련 법들이 제정될 수 있을 것이다.

현재 진행되고 있는
자율자동차, 무인비행체, 지능이동로봇들과
어떤 물체와 사이에 발생되는 법적인 문제들에 대하여
그 책임과 권한이 이동체 자체에만 국한될 것인지

그 이동체에게 지능을 부여한 인간에게 연좌될 것인지
현재 그 이동체의 소유자에게 귀속 또는 연좌될 것인지

이러한 상황들에 대한
법적인 연구와 고민이 있어야 될 시기가 도래를 하였다.

더욱이

곧 현실화될 인조인간이 등장했을 때는

더욱 복잡하게 될 수밖에 없다.

이 외에도

우주시대 우주사회 우주인의

여러 가지 법적 문제에 대하여

법조계는 과학자들은

체계적으로 연구 준비를 해야 될 것이다.

18-12. 문화와 오락

인간 생활이 무한 우주로 넓어지고
모태인과 인조인간이 함께 살면서

모태인은
지적 육체적 노동에서 자유로워지고
영성적 인성적 능력이 극대화되면서

영성적 이성적 감동이 필요한 문화를
더욱 필요로 하게 될 것이고,

신과의 교감을 위한 신앙문화와
인성을 발달시키는 정신문화가

발전을 하게 될 것이며

신앙과 인성을 자극하고 감동을 주는
오락문화가 필요해질 것이다.

인조인간은
지적 육체적 기능을 더 원활히 할 수 있는 생활문화와
지적 육체적 노동에 대한 피로를 회복하고
긴장을 풀기위한 문화와 오락이 별도로 필요해질 것이다.

이렇게 모태인과 인조인간을 위한
별도의 문화권과 생활권이 형성이 되고
그것이 당연히 자연스럽게 인정되는
인류 문화가 창달이 될 것이다

오락은
외부의 영화관이나 극장이나
연주장 또는 전시장을 찾는 것 보다

가상공간에서 증강현상 기술을 이용하여
현장감을 극대화 하여 감상을 하고

영화나 그림 음악 게임 등을

특별한 예술인을 통하지 않고도

특화된 인조인간의 도움을 받아서

자가 제작도 하여 서로 공유하고 즐길 수 있을 것이다.

18-13. 인종과 언어

성경적 해석에 의하면

원래 신이 인간을 창조할 때는

하나의 통일된 언어를 사용했고,

훨씬 더 능력이 있는 존재였었다.

그러나 인간이 교만해저서

바벨탑을 쌓아 하늘의 신에게 도전할 정도로 교만해지자

진노하여 바벨탑을 허물어트리고

인간을 지구 각 곳으로 분리시켜

인종도 언어도 서로 다르게 만들어

다시는 모여서 신에게 도전을 못하게 하였다.

신에 의한 것이든

다윈의 진화론에 의한 자연 발생적이든

지구상의 인간이

서로 다른 수많은 언어를 사용하는 것은

인류가 상호 협력하여 공생공영 하는데

가장 큰 장애가 되고 있다.

앞에서 언급한 대로 색깔 등

외관에 의한 인종 구분은

오히려 생명공학 기술에 의하여

쉽게 극복될 수 있을 것이다.

언어의 차이는

앞으로 언어 AI 기술에 의해서

해결하는 방법을 찾을 수 있을 것이다.

지구통합정부에 의해서 공용언어가 정해지면

이를 '극소인체컴퓨터'에 기억을 시켜서 인체에 내장하고,

짧은 학습을 통해서

인류가 공용 언어를 사용할 수 있게 될 것이다.

지구통합정부가 공용언어를 정할 때
3가지 의사전달 수단을 검토하게 될 것이다.

성대와 청각을 이용한
음성언어를 정해야 하고,

소리를 시각적으로 인식할 수 있으며
논리적 표현을 해야 하는 문자와 함께,

감성적으로 인지하는
부호를 검토해야 할 것이다.

음성언어는
아마도 지금 가장 많이 사용하고 있는
영어를 기반으로 하는 것이 가장 유망 할 것이고,

문자 언어는
가장 과학적이고 논리적 체계적이며
거의 모든 발음을 표기할 수 있는

한글이 가장 적합할 것이라 생각을 하며

감성적 인식을 위한 부호는
현재 SNS 상에서 세계 공통으로 쓰이고 있는
이모티콘 류의 부호들이 될 것이 전망된다.

지구통합정부의 언어통합 정책은
이렇게 음성, 문자, 부호의 입체적 측면에서
새로운 통합 의사 전달 수단을 일원화해서

인류의 통합과 일체화를 이루고
더 생산적이고 원활한 의사 소통으로
화합과 평화와 행복을 이루어 갈 것이다

이렇게 인종이 통합되고
언어가 다시 공용화 되더라도

인류는 오랜 기간
분리된 인종과 언어에 의해서
불행과 고통을 겪어 왔으므로
신과의 갈등을 다시는 야기하지 않을 것이다.

18-14. 전쟁과 평화

인류 역사에 전쟁의 본질은

어떤 권력과 권력 간에

땅과 사람을 뺏기 위한 다툼이었다.

땅과 사람은 최고의 경제적 가치이기 때문이다.

그 외의 전쟁은

경제전쟁의 후유증으로 발생하는

복수를 위한 전쟁이다.

그리고 가장 위험한 전쟁은

정신이상자들의 사이코패스(Psychopath) 전쟁이다.

18-15. 지구인의 전쟁

우주시대가 되면
무한 공간이 인간 삶의 장으로 열린다.

지구는 하나의 정부로 통합이 되고
우주공간을 경영하여 경제가치를 창출하는 역할은
모태인간이 관리하는 인조인간이 하게 된다.

모태인간은
정신적으로 악하거나 약한 DNA를 가진 인간은 도태되고
영성적 인성적으로 윤리관이 분명한 우성적 진화를 한 인간이다.
즉 정신적으로 완성된 인간이다.

모태인간 스스로

야욕에 위한 전쟁을 하지는 않을 것이다.

우주시대에 모태인간은

태생적으로 인조인간에게서

자발적 전쟁야욕의 인자를 배제하게 될 것이다.

오직 모태인간의 지령이 있을 때만

전쟁에 관여할 수 있을 것으로 추론하게 된다.

그렇다면

지구인종들에 의한 전쟁은 없어지고

완전 평화의 시대가 된다고 추론이 된다.

18-16. 외계인과의 전쟁

단지 외계로부터 온 생명체와
전쟁을 할 가능성은 있지만
이것은 인간과 인간 외의 우주생명체와
생존경쟁이라 추론할 수 있다.

아직까지는 외계생명체가
발견되지도 않았지만 있다고 하더라도
지구인의 지능과 역량을 능가할 수 있는
외계생명체는 아닐 것으로 생각이 되며,

지구의 모태인은
고도의 영성적 능력으로 이들 외계생명체와

무한 우주 속에서 공생하는 우주 포용력을 발휘하여
전쟁 없는 우주경영을 지향하게 될 것이다.

만약 외계로부터
어떤 침략이나 공격이 있다 하더라도
우주전쟁에 대비하여 지구계를 덥고 있는 로봇과
우주전쟁에 대비하여 특화한 인조우주인에 의하여
충분한 방어와 격퇴 능력을 확보하게 될 것이다.

2222년 우주시대에는
전쟁보다는 평화의 시대로 추론할 수가 있다.

18-17. 새로운 이념 (Neo-Idea)

인간이 무한 우주에 대한

새로운 발견과 인식, 불로장생의 생명, 초광속시대,

모태인과 인조인의 종의 분화 등으로

인간 삶의 새로운 창조의 시대를 맞이하며,

사상과 철학 및 종교에 대한

새로운 관념적 세계가 열리게 되고,

자본가와 노동자, 유산층과 무산층의 개념이

무의미하게 됨으로써,

공동생산 평등배분이라든지

계급투쟁이라든지 하는 것은

본질 자체가 사라지게 된다.

그리고
우성화 진화를 해서
최고의 영성 인성 지능의 능력을 갖고
인조인들을 지배하며 우주를 경영하는
모태인의 새로운 힘의 집단이 형성되면서

지금의
보통 비밀 평등 선거에 의해서 탄생하는
보편적 권력은 사라지게 되고,

고도의 지성적 능력을 가진 파워 그룹에 의한
이상적 리더십이 출현을 하게 된다.

이렇게 모태인에 의한 파워그룹은
그 집단에 의한 최고지도자가 선출되면서
최고위원회에 의한 우주공화정이 형성되어
집단지도체제가 될 것이다.

이 최고지도자 그룹의 모태인들은

최고의 영성적 인성적 위치에서
철학적 사상적 지성을 갖추고
과학적 지식을 소유해야 할 것이다

이렇게
고도화된 우주시대에는
현재의 민주주의 인기 방식에 의한
권력구조가 아니라

윤리적 철학적 지성적 능력에 의한
리더십 권력으로 이동하게 될 것이다.

따라서 이러한 권력구조와 리더십
사회정의와 윤리관에 대한 우주시대의
새로운 이념이 발전하게 될 것이다.

18-18. 개인의 프라이버시

개인의 인적사항이나 행동에 대한 비밀은
이미 보호되고 있지 않은 것이 현실이지만,
그래도 형식적으로 본인의 동의를 받고 있고,
공개하는 경우 법적 제재를 받지만,

공공 또는 정보지배자들은
인류의 개인 신상 자료를 모두 획득하고
암암리에 사용하고 있다.

앞으로 수십년 내에
개인 프라이버시 보호라는 말은 사라지고,
동시에 정보사용에 대한 본인의 동의도 무의미 하게 될 것이다.

오히려

개인의 정보가 공개되지 않았고,

정보를 공개하지 않겠다고 하면

정상적인 사회생활을 할 수 없을 뿐만 아니라,

공동체에서 배제되게 될 것이다.

사회적 활동 정보만이 아니라

개인의 현 건강상태와 신체적 변화와 생각하는 것까지도

사회정보시스템에 의하여 실시간으로 확인되게 될 것이다.

극도로 정보화된 사회는

개인의 프라이버시는 물론이고

개인의 독립성 자체가 무의미 하게 되는 것에 대하여

심각히 연구할 필요가 있다.

CHAPTER 19

인간과 다른 생명체

앞으로 신이 영성적 능력을 부여한
모태인간 이외의 동물과 식물의 생명체는
신을 대신하여 인간이 관장을 하게 되고,

인조인간을 만들 수 있는
생명공학기술을 이용해서 식물의 종자 개발은 물론이고,
인공접목 인공수정 등으로 우성종의 개발을 할 것이고
병충해에 면역력이 있는 식물의 개발을 통하여
인류의 식생활을 해결하게 됨은 물론이고,

인류가 필요로 하는 영양과 자원을 생산할 수 있는
새로운 종을 개발하게 될 것이다.

동물의 세포를 조작하여
필요한 우성종으로 진화하게 할 뿐만 아니라

소고기의 육질을 가진 돼지의 종을 개발하여
3년 걸리는 소고기 생산기간을 3개월로 단축하며
값싸고 육질이 더 부드러운 소고기를 생산할 수도 있을 것이다.

양의 털을 생산하는 사슴을 만들어
사슴의 녹용과 고기와 가죽을 얻고
양의 털과 젖을 얻을 수 있을 것이다.

멸종된 종의 동식물을
세포 배양기술로 재생 환생하게 할 것이다.

이렇게
동식물의 생명을 조정하고 다룰 수 있는 것은
신에 의한 영성적 능력이 필요 없는 영역이기 때문이다.

19-1. 인간의 부활

인간이

멸종한 동물과 식물의

유물적 부활을 하게 할 수는 있어도

인간 스스로의 부활은 불가능 할 것이다.

신이 부여하는 영혼

즉 영성이 필요한 인간의 부활은

불가능 할 것으로 추론할 수 있다.

죽은 자의 세포로 육체를 배양하여

동물처럼 유물적 부활을 할 수는 있어도

신의 관여 없이 인간의 능력으로만
영혼이 같은 인간으로 부활할 수는 없을 것이다.

영혼의 영역은 신의 영역이기 때문이다.

즉 신이 애초에 부여했던
영성적 능력을 회수했기 때문에
인간이 세포배양을 하여 탄생시킨 인조인간처럼
영성적 능력이 없는 육체적 부활이 될 수밖에 없을 것이다.

인간의 주검이
신의 도움이 없이는
예수그리스도의 부활을 재현할 수는 없는 것이다.

예수 그리스도는 스스로 신이었기 때문에
부활을 할 수 있었던 것이다.

CHAPTER 20
5차원의 삶

우주시대가 더욱 앞으로 진행이 되면서

인간은 현재 인식할 수 있는 범위에서는

우주 속에서 무한한 3차원의 삶을 완전히 영위하게 된다.

초광속우주선의 운영은

인간이 단순히 빛의 속도로 이동할 수 있는

물리적 능력을 가졌다는 것을 넘어서

철학적으로는

시간을 지배하는 역량이

엄청나게 확대되는 단계가 되는 것이다.

인간은

초단위의 10분의 일 단위까지 지배하던

과거 시대를 넘어

현재는

컴퓨터의 기능을 이용해서

인간의 자연적 능력으로는 인지할 수 없었던

나노세컨드(10억분의 1초)의

초미세 시간을 지배 하는 단계에 이르고 있고

그 능력을 이용해서 반도체 같은 미크론 단위의
초정밀 제품을 생산하는 단계에 이르렀다.

미래에 인간이
광속을 초월할 수 있다는 것은
인간의 자연적 능력으로는 인지할 수 없는

몇 광년 같은
마크로 단위의 시간을 지배할 수 있는
또 다른 하나의 초능력을 확보하게 되는 것이다.

이러한 능력을 확보하게 되면
인간은 그것을 이용해서
또 어떤 역량을 확대해 나갈 것인지
상상을 벗어나게 된다.

불교적 시간의 개념을 빌려오면
찰나에서 영겁에 이르는 시간의 세계를
인간이 인지하고 향유하는 시대가 되는 것이다.

이렇게

시간을 지배할 수 있는 인간의 삶은

우주공간을 영위하는 3차원의 삶에서

시간을 찰나에서 영겁으로 확장 영위하는

4차원의 삶으로 진화하게 될 것이다.

인간이 생명공학 기술을 이용하여

수명을 연장하고 건강한 육체를 유지하며

초지능적 능력을 갖고

스스로 우성학적 진화를 하여

영성적 인성적으로 우월성을 확보하여

신의 섭리를 더 충실히 하는 삶을 살게 되면서

드디어 인간은

깨달음의 법열을 향유하는

5차원의 삶으로 진화하게 될 것이다.

즉 인간의 5차원의 삶이란

공간과 시간을 초월하고

인간 스스로 신과 영성적 교감을

자유로이 할 수 있는 단계에 이르는 삶이 될 것이다.

그러나

이러한 5차원의 삶의 세계로 들어 가는 것은

신으로부터 선택된 인간만이 통과하게 될 것이다.

CHAPTER 21
지구의 역사

인류의 역사는

도구를 사용하기까지 500만년이 걸렸다

도구를 사용한 역사는 불과 70만년 정도다

그 중에

자연석 사용 수준의 구석기시대가 대부분 차지하고

도구를 연마하기 시작한 신석기시대가 약 4천년 정도이고

도구를 제작하기 시작한

청동기시대가 기원전 1000년부터 약 700년

철기시대가 기원전 300년부터 약 300년 걸렸다.

철기시대와 함께 문자를 사용한

기록이 남아 있는 역사시대는 약 2000년이다.

2000년 동안에 르네상스를 거치면서

인류는 비로서 문화와 문명의 진화를 하였다.

증기기관이 발명되고 100년 후에 전기가 발명이 되었고

전기가 발명되고 100년도 안 되어 컴퓨터가 발명되었다.

컴퓨터에 의한 정보화 시대는 약 50년이 걸렸다.

지금은 생명공학의 시대다.

이제 인간은
스스로 생명을 조작하는 시대가 되었다.

그리고
지구계를 넘어 우주시대에 도전을 하고 있다.

정보기술에 의거
대량의 자료를 초단위에 처리를 할 수 있는 능력은
생명공학기술과 우주개발기술의 개발 시간을 엄청나게 단축을 시켜
인간이 우주를 경영하고 생명을 조작하는 시대를 더욱 앞당겨서

향 후
100년 내에 태양계를 직접 여행하고
수명을 200살로 연장하게 될 것이다.

광속 시간으로 우주를 여행하고
인조인간을 운영하며 생명을 무한 연장하는
2222년의 인류의 후손들은 현재의 인류를

역사적으로 어떻게 인식 평가할 것인가?

원시 인류가 탄생하고
도구를 사용하기까지 500만년이 걸렸고,
동력 기계를 발명해서 원자력에너지를 거쳐
정보화 시대를 지나는 데는 200년이 걸렸다.

우주물리에너지를 개발하고
초광속이동체를 발명하고
인조인간을 만드는 데는
200년도 걸리지 않을 것이다.

이러한 역사의 발달과
인류문명의 변화속도와
과학자산의 생산성을 감안한다면

앞으로 200년은
선사시대의 500만년과
기원 후 2000년 동안 생산한 것 보다
더 많은 문명자산이 생산될 것이다.

2222년의 인류의 후손들은

현재의 인류가 약 500만년 전의

미개한 역사를 생각하는 수준으로

지금의 우리를 인지하게 될 것이다.

지금 우리가 누리고 있는 문명의 이기는

수십년 내에 석기시도의 돌도끼, 청동검과 함께

박물관의 한 곳을 차지하고 있을 것이다.

예로서

내연엔진을 장착한 자동차가 개발된 후

100년 정도된 현 시점에서

화학배터리 장착 전기차로 교체되고 있다.

그러나

이 화학배터리 자동차는

향 후 20년 내에 물리배터리로 교체가 되고

그 후 20년에는

동력원이 있는 자동차들의 양산 시스템은 없어지고

동력원이 없는 자동차들이 소량 주문생산형으로 대체될 것이다.

차체는 가벼운 신소재로 대체가 되어
3D형 AI 프린트가 고객 주문에 따라 생산을 담당하고
전기 등의 배선과 인테리어는 모듈화 되어
로봇이 작업을 하여 생산 하게 된다.

차체만 소비자에게 인계가 되면
소비자는 자신이 보유하고 있는
반영구적인 원자배터리나 물리적동력기계를 장착하여
사용하게 될 것이다.

더 나아가서 개인이
스스로 부품을 조립하여
개성적 자동차를 만들게 될 것이다.

내연기관이나 화학배터리 같은
동력원을 장착한 대량생산 자동차는 증기기관차처럼
자동차 역사 박물관에 가야만 볼 수가 있을 것이다.

CHAPTER 22

미래에 대한 명제

인류는 문명과 문화를 발전시켜왔다.

문명의 발전은
유물적인 인지 대상의 섭리를 관찰하고 깨닫는
자연과학적 관찰에 그 근원을 두고 발전하는 것이다.

문화의 발전은
사색과 명상으로 관념적 대상의 가치를 추론하여 깨닫는
인문학적 탐구에 그 뿌리를 두고 발전하는 것이다.

하나의 과학시대가
다음 단계로 발전하는 시간은
기하급수적으로 단축되고 있다.

인간은 빨리 어떤 목적지에 도달하기 위하여
신체적 훈련을 통해서 빠르게 달리려고 노력을 했고,

이렇게 빨리 달려서
같은 시간에 다른 사람보다 멀리 이동할 수 있는 사람을
축지법을 쓴다고 했다.

이 축지법의 최고 수준인
세계 100미터 육상 선수의 속도는
1초에 10m이다.

인간은 100년 전 까지만 해도
보다 빠른 이동을 위해서
이 축지 기술의 방법으로 말을 이용했다.

말을 타고 최고 속도로 달리면
1초에 16미터를 이동할 수가 있다.

그러나
인간이나 말은 체력에 한계 때문에
몇 시간을 계속 이동하기 위해서는
1초에 1미터와 8미터 정도가 적절하다.

말을 이용한 이동 속도에서
그 5배 정도인 1초에 55미터을 이동할 수 있는
자동차로 발전하는데 약 2000년 이상의 시간이 걸렸다

그 다음에 그 속도의 5배 정도인

1초에 300미터를 이동할 수 있는
음속비행체로 발전하는데
100년 밖에 걸리지 않았다.

그 음속의 10배정도가 되는
1초에 3천미터를 이동할 수 있는
극 초음속 로켓 비행체를 이용하는데
50년이 체 걸리지 않았다.

이렇게 다음 단계로 가는데 시간은 몇 배로 줄어 들고
성능은 10배씩 늘어 나는 기하급수적 함수 관계가 있다.

이러한 원리로 극 초음속의 30만배가 되는
초광속이동체를 이용하게 되는 데까지는
얼마의 시간이 필요 할 것인가?

향후 100년이면
이론과 기술이 개발되어 실험단계를 진행할 것이며

또 100년 후인 2222년에는
초광속우주선을 타고 인간이 우주여행을 하고 있을 것이다.

500만년 쌓아온

인류의 지혜와 기술과 경험과 정보는

향 후 인류의 발전을

광속으로 촉진시켜 나가게 될 것이다.

이렇게

무한 우주, 초광속우주선과 통신수단,

우주에너지, 우주신소재, 우주시간,

우주관, 사상과 이념,

권력의 이동과 새로운 권력의 탄생

신과 인간의 관계 정립 등

초광속으로 변해갈 인류의 삶에 대하여

과학, 기술, 산업, 경제, 정치, 사회, 이념, 신앙의 차원에서

무엇을 생각해야 하고 무엇을 해야 하고,

무엇을 준비해야 하고 무엇을 버려야 할 것인가?

개인과 사회와 국가와 세계는

어디를 지향하고 무엇을 해야 할 것인가?

명제를 정리하고 정의해서

깊은 고뇌를 해야만 할 때가 되었다.

NASA를 지켜보고

지상을 덮고 있는 인터넷과

공중을 덮어 나가는 위성을 보고

연구실에서

실험중인 생명공학의 발전을 관찰하면서

50년 내에 도래할 과학과 기술

100년 내에 도달할 문명의 높이

200년 내에 전개될 인류의 삶에 대하여

상상의 날개를 펼쳐

천지개벽을 하게 될 인류의 미래를 내다보고

준비해야만 지구상의 인류로 생존을 하고

지구계를 리드하면서

우주시대를 열어 갈 뿐만 아니라

영성적 인간으로서 역량을 갖추고

5차원의 삶으로 진화할 수 있을 것이다.

CHAPTER 23
신과 인간

신과 모태인이 우주 속에 공존하듯이
모태인과 인조인도 우주 속에 공존하게 될 것이다.

신과 모태인은 영성으로 교감을 하고
모태인과 인조인은 지성으로 소통할 것이다.

역사의 기록이 시작된 이래
인류사에서 가장 존경받는 성인을 연대순으로 보면
싯다르타, 공자, 소크라테스, 예수, 마호메트이다.

이 성인들은 모두
기원전 500년에서 기원후 500년까지
1000년 사이에 이 세상을 살다가 가신 분들이다.

이들의 공통점은
인간의 "영혼과 진리"에 대한 깨달음이었고
그것을 사랑, 진실, 지혜로 실천한 것이다.

이 성인들은
어디에서 그런 깨달음의 영감을 얻었을까?

광야에서 황야에서
넓은 우주와 밤하늘의 별을 보며 고독한 고뇌와 번민 속에서

청빈한 마음의 사색으로
신과의 영적 교감을 통해서 그런 깨달음의 영감을 얻었을 것이다.

역사상 신앙으로 발전한
이 성인들의 영적 능력이 있었던 시대에 많은 기적들이 있었다.

이미 기원전
피타고라스 아리스토텔레스 아르키메데스의
철학적 수학적 깨달음과 호메로스의 오디세이는
인위적이기 보다는 신의 경지라고 해야 할 것이다.

중세를 지나 19세기까지
문학에서는 단테를 비롯하여 셰익스피어와 괴테에 이르기까지
자연과학에서는 파스칼 뉴턴 멘델레예프에 이르기까지
예술에서는 다빈치 미켈란젤로 모차르트 베토벤에 이르기까지

신과의 교감이 없이는 도저히 이해가 안 되는
인류사의 기적들을 만들었다.

23-1. 신은 존재하는가?

이러한 역사의 기적들을 보며

"신은 존재하는가?" 하고 묻는다면
이렇게 대답할 것이다.

이러한
인류사의 기적들에 대한
합리적 이해를 위하여는

"신은 존재해야만 한다"는
필연적 결과로 답할 수 있을 것이다.

20세기를 지나 21세기로 진행하면서
인류는 기적을 이루어 가고 있고
또 기적은 일어날 것이다.

이진법 수리의 원리를 이용하여
눈에 보이지도 않는 전자회로를 설계하고

그것을 실리콘에 탑재를 해서
엄청난 정보를 기억하여 이용을 하고
AI 인공지능을 개발하여

신의 영역인 영원한 기억을 할 수 있고
10억분의 일초 단위 시간을 관리하게 되었다.

생명공학을 이용하여
DNA의 비밀을 찾아 내고
세포를 조작하는 것 역시 신의 영역이었다.

이제
우주공간을 향하여 또 하나의 신비의 세계에
인류는 도전을 하고 있다.

영원하고 만능의 두뇌기능

생명을 다루고 조작하는 기술

우주의 비밀을 열어가는 지혜

이것은 신의 영역이었다.

인간은

이 신의 영역에 대한 벽을 허물고

더욱 신에 가까이 가면서

마지막으로 깨닫는 것이 있을 것이다.

그것은

신과 인간을 연결하는 가장 핵심 관계는

인간이 인지할 수 있는 유물적 사유의 세계가 아니고

관념적 사유의 대상인 영혼의 관계이고

신이 부여한 이 영혼이 인간만이 가질 수 있는

영적인 능력의 뿌리인 영성이라는 것이다.

이 영적 능력인 영성은

신이 인간에게만 부여한 특권인 것이며

이 특권으로

인간은 지구를 지배하게 되었고

나아가서 우주를 지배하게 될 것이다.

따라서

모태로 잉태를 한 모태인만이

신으로부터 이 영성을 받을 수 있는 것이다.

인간이 생명공학 기술로 만들어 낸

인조인간은 신과의 교감으로 탄생한 것이 아니므로

인간이 부여하는 지성과 감성을 받을 수 있어도

신이 부여하는 이 영성을 받을 수는 없는 것이다.

23-2. 사랑과 믿음

이렇게

생명과 우주에 대한 신비의 벽이 무너지면서

신과 인간의 영혼의 관계가 더 명확해질 것이며

신의 인간에 대한 사랑과

인간의 신에 대한 믿음은

더욱 분명하고 강하게 정립이 될 것이다

이 모태인간만이 받을 수 있는

영성의 능력으로

모태인간은

인조인간과 지능로봇을 지배하며

영생불사로 생명의 한계를 극복하고

우주를 개발하고 관리를 하면서

신에게 더욱 가까이 갈 수 있게 될 것이다.

그러나

영생불사의 생명을 갖고

광활한 우주를 찾아 갈수록

영적인 고독과 회의를 느끼게 될 것이다.

영원한 생명의 영위와

무한한 우주의 지배가

영적인 고독과 고뇌를 해결해 주지는 못할 것이다.

따라서

인간은 더욱 선명한 믿음으로 신에 대한 경외와 함께

영혼의 구원을 기원하게 될 것이다.

23-3. 유신인(類神人)

500만년 전에 인류는

신의 영혼을 받아 인간으로 태여 나서

우성학적 진화 과정을 통하여 오늘의 인류로 발전하였다.

인간의 능력이 개발되면서

인간은 우주와 생명과 영혼에 대한 의문을 가지고

제한된 수명과 병마의 고통을 벗어 나기를 갈구하고,

무한한 우주공간에 대한 호기심을 버릴 수가 없었으며,

전지전능한 신의 능력을 향한 도전을 포기할 수가 없었다.

몇 백 만년을 기다리며 지혜를 터득하고 쌓아 와서

지난 몇 천년 동안에 엄청난 능력을 개발하고 힘을 축적하여
그 갈구와 호기심과 능력을 위하여 적극적인 도전을 진행해 왔다.

이제 21세기에
인류는 생명을 조작하고 우주를 넘나들며
뇌와 정신작용의 분석을 통하여 영혼을 인지하려고 하고 있다.

이러한 도전의 성공으로
2222년에는 인간이 우주를 영위하며 영생을 얻어서
신을 닮은 인간으로 변신을 하여 유신인의 단계에 이를 것이다.

23-4. 욕구의 조절

인간이 인공두뇌 인공심장과 로봇을 사용하고
완전영양제를 섭취하고 우주를 공영하면서
초능력 시대로 도약을 하게 되며,

물욕과 명예욕 권력욕 등 사회적 야욕과
식욕 성욕 등 본능적 욕구도 스스로 순화하여
인류의 갈등을 조절하게 될 것이다.

우주시대의 모태인간은
한과 아픔과 피해를 남기는
파괴적인 욕망인 야망 보다

희망과 행복과 감동을 만드는 소망이
더 높은 가치라는 것을 깨닫게 될 것이다.

23-5. 제5의 종교개혁

인류가 지금까지 정립한 신의 정의는
신과 인간의 관계가 영성의 관계로 명확하게 정립이 되면서
인류는 유일신에 대한 신앙으로 신앙적 통일을 하게 될 것이다.

현재는 종교 간에 갈등도 있고 부정도 있지만
종교를 철학적 관점에서 보면 추구하는 가치는 동일하다.

그러므로
궁극적으로 종교집단은 달라도
신앙의 대상은 하나의 신으로 통일이 될 것이다.

신앙을 일상 생활에서 실천하는 방법은

여러가지 양식으로 발전할 것이며

개인적 신앙 생활이 더욱 확장될 것이다.

또한 인류 역사에서

5대 성인이 추구한 신의 섭리는

각자의 경전에서 사용하는 언어는 달라도

정신적 사상적으로 추구하는 가치는 거의 동일 한 것이다.

가장 많은 신도를 가지고 있는 종교는

그리스도교 불교 이슬람교이다.

이들은 모두 유일 신을 주창하고 있으며

특히 그리스도교와 이슬람교는 신의 명칭은 달라도

역사적 배경에서도 많은 유사점을 가지고 있다.

그리스도교의 천당은

불교의 극락과 이름은 달라도

내세에 대한 사상은 유사하다.

이러한 관계로 앞으로

신의 영역이었던 우주와 생명의 신비가

과학의 세계로 벽이 무너지고
영혼의 관계가 명확해지면서

신과 인간의 거리가 좁혀지며
종교 간에 명칭의 차이는
하나의 신으로 수렴이 될 것이다.

신앙이 하나의 신으로 유일신이 되고
개개인의 신앙 생활이 사생활의 단위로 분화되면서
종교는 새로운 개혁의 시대로 진입이 될 것이다.

23-6. 인간의 새로운 도전

2222년 이후에 인류의 새로운 도전은
영혼의 영역에 대한 도전과 이해가 될 것이다.

이러한 도전을 통하여
생명과 우주는
신과 인간이 공유할 수 있는 영역이지만

영혼의 영역은 신의 영역이고
신만이 부여할 수 있는 가치라는 것을
인간은 분명하게 이해를 하고 인식하면서
인간과 신의 관계도 다시 한번 명확해질 것이다.

23-7. 인간의 질투

파파고 AI 컴퓨터의 두뇌는

인간의 지적 능력에 도전하고 있다.

로봇은 인간의 육체적 능력을 능가하고 있다.

인간은

대형 파파고의 지적능력을

바이오 마이크로 컴퓨터에 담아서

뇌에 삽입하여 생체와 일체화 시켜

대형 파파고의 역할을 무력화시키고,

생체 일체형 착용로봇을 개발하여

인체와 일체화 하여 로봇의 기능을 인체로 흡수를 하여

로봇을 능가하는 능력을 스스로 소유할 것이다.

신은 인간에게
기억 추론 계산 정보에 대한 막강한 능력을 부여했으나
인간은 그 능력의 일부만 활용하는 단계에 머물러 있었다.

인간은 이제
인공지능과 반도체 및 생명공학기술을 이용하여
신이 부여한 모든 기능을 마음껏 발휘할 수 있는
단계로 발전해 갈 것이다.

인간의 질투는
인조인간이나 로봇이
자신의 지적 능력을 초월하는 것을
절대 용납할 수 없다.

23-8. 초월의 사유

인간이 신의 영역과 그 신비에 도전을 하고

그것을 극복하려는 "초월의 사유"을 통해서

신의 존재를 인지하고 믿음의 신앙으로

인간은 신에게 더욱 가까이 갈 수 있고

오직 유일한 영혼의 소유자로써

만물 중에서 혼자만이 신과 교감을 하며

신 앞에서 만물을 지배하는

권위를 얻을 수 있는 것이다.

23-9. 어느 때 어느 곳에나 임하소서

인간은 자신과 닮은 인조우주인 인조지구인을
우주와 지구 곳곳에 보내고 자신의 현재의 생각을
총광속텔레파시통신을 통하여 전달을 하고 공유하며
그것을 행동하게 함으로써

동시에 여러 장소에서
자신의 생각과 행동을 실행할 수가 있게 된다.

인간은
자신과 닮은 인조인간을 과거의 시간으로 보내서
과거를 현재에서 인지할 수도 있을 것이다.

인간은

언제 어느 곳에나 임할 수 있는

초능력을 보유할 수 있는 미래가

곧 도래할 것이다.

23-10. 인류의 유토피아 에덴으로

이렇게 인간이 영생불사 할 수 있고

신이 부여한 순수한 영혼을 가지고

인조인간과 함께 우주를 향유한다면

이것이 인류의 영원한 고향

유토피아 에덴에 이르는 것일까?

인간이 에덴에서 신의 선악과를 범한 죄를

속죄할 수 있는 길이 될 것인가?

인류가 오랜 방황을 끝내고

신의 용서를 받고 구원을 얻어

다시 에덴동산으로 귀향할 수 있는
기회가 될 것인가?

오랜 동안 인간이 고독과 허망 속에서
신의 구원을 갈망하며 속죄의 길을 왔으니
그 염원이 하늘에 이르러 있을 것이다.

CHAPTER 24
영혼에 관하여

인간에게는
지성 이성 감성으로 분류할 수 없는
또 다른 어떤 관념적 능력이 있음을
누구나 인지하고 있지만

그것을
실체적 유물적으로 인식할 수가 없을 뿐이다.

이렇게
신으로부터 부여된 능력을
영적 능력이라 하고
그 특성을 영성이라고 한다.

이 영성은 신만이 가지고 있고
신이 인간에게만 부여한 능력이고
이 부여된 인간의 영성을 영혼이라고 한다.

24-1. 신과 영혼

인간은 신이 부여한 영혼을 가지고 있기 때문에
인조인간과 컴퓨터가 인간의 지성적 능력을 초월하더라도

영적인 능력을 더욱 발전시켜
자신이 만들어낸 인조인간과 로봇을 지배하며
신을 경외하고 믿으며 함께 영원히 존재하게 될 것이다.

인류가 다른 어느 존재에 의하여 멸망하거나
신의 분노의 심판으로 멸종하지도 않을 것이다.

즉 영혼은
신과 인간이 아버지와 아들로 이어지는

사랑과 용서의 영원한 보증서인 것이다.

영혼이라는 이 보증서가 있어서

아담의 선악과와 노아의 방주와

소돔성과 바벨탑의 진노가 있었지만

신은 자신이 영혼을 부여한

유일한 존재인 인간을 사랑하기 때문에 용서했다.

24-2. 승화는 있어도 종말은 없다.

인간은 선악을 구분할 수 있고
회개할 수 있는 피조물이다.

영성적 가치를 망각한 인간들에 의하여
신의 응징은 있었지만 인류가 멸망하는 종말은 없었다.

신으로부터 영혼을 받아 탄생한 모태인간은
자신이 개발한 생명공학 기술로 스스로 DNA를 조작하여
우성학적 진화를 하여 신격으로 승화할 수 있도록 발전해 갈 것이다.

우주시대의 모태인간은

한과 아픔과 피해를 남기는 부정적 지성인 야망 보다
희망과 행복을 남기는 긍정적 영성인 소망이
더 높은 가치라는 것을 깨닫게 될 것이다.

세포배양으로 탄생하는 인조인간은 모태인간의 의지에 따라
태생적으로 선하고 순종하는 인간으로 탄생을 할 것이다.

24-3. 죽음의 명상

죽음은 윤회의 과정이고 방법이다.

영혼이
전생에서 이생으로 오기 위해서
죽음이라는 변신의 관문이 필요했고,

이생에서 미래의 생으로 가기 위하여
미래에 적응하는 죽음의 강을 건너게 된다.

자연에서 온 육신이
자연으로 돌아 가기 위해서
죽음이라는 반응의 과정을 따르게 된다.

인간은 스스로 개척한 우주로 가기 위해서
우주에 적합한 어떤 변신을 해야 할 것이다.

그러한 변신을 위하여
불로장생 영생불사 할 수 있는 인간이 되어야 하므로
그 또한 어떤 종류의 죽음의 통과의식이 되지 않을까?

죽음의 방법으로
영혼이 육체에서 이탈하여
그 영혼을 인조우주인의 육신에 담아서
우주로 가게 되지 않을까?

이 또한 새로운 세계로 윤회하기 위하여
죽음의 관문을 통과하는 의식이 될 것이며

2222년에는 생명공학기술을 이용하여
인간이 스스로 죽음을 관장하게 될 것이다.

이렇게 육체적 생과 사의 관장은
신으로부터 인간에게 부여가 되고

신은 오직 자신이 부여한

영혼만 관장을 하게 될 것이다

현재의 생과 사를 누리고 있는

우리와 우리 부모의 영혼과

우리 뒤에 영생을 누리며

신의 세계로 오는 영혼들은

신성계에서 다시 만날 수 있을 것인가?

죽음의 의식을 통해서

신의 구원을 받은 영혼들과

우성적 진화를 통하여

죽음의 관문을 통과하는 의례 없이

신의 선택을 받은 모태인간들만이,

신성계로 들어와

상봉을 할 수 있을 것인가?

24-4. 신의 구원

신은 금기 된 선악과를 먹은

아담과 이브를 에덴에서 추방한 이래로

인간이 신의 뜻을 저버린 죄에 대해

출산의 진통으로 벌하고 육체적 노동으로 벌을 하였다.

그 이래로 인류의 역사는

이러한 고뇌와 고통으로

신을 거역한 죄에 대해 속죄를 계속해 왔다.

신은 인간에게

우주시대의 삶을 영위할 수 있는 지혜와

생명을 다룰 수 있는 지식을 부여하여서

인간 스스로 최후로 속죄할 기회를 주시고
구원받을 수 있는 준비를 하도록 실험하고 있다.

신의 인간에 대한 벌은
인간의 법에 의한 처형의 의미가 아니다.

인간이 신으로부터 부여된
생명공학기술을 통하여
스스로 열성적 인자를 제거해 도태시키고,
우성적인 영성과 인성으로 진화를 시켜서
신의 사역을 할 수 있는 인간을 선택한 후에
영생의 생명을 갖도록 하여,

죽음이라는 불안과 공포의 의식을 생략하고
지구를 다시 에덴으로 만들어 귀향하게 함으로써
인류를 구원하게 될 것이다.

이렇게
신의 인간에 대한 최후의 심판은
이미 진행이 되고 있는 것이며

2222년은

이러한 심판이 마무리되고

인류가 에덴으로 귀향을 하여

영생을 얻는 단계가 될 것이다.

24-5. 행운과 불운

이생에서
100년을 살수 있는 것이 행운일까?

내세가 없거나 있어도
이생의 고통의 연장이라면
100세에 죽음을 마지 하는 것이
불운이 될 것이다.

내세가
불로장생 영생불사 무병극락이라면
100세에 죽음의 관문을 통과해서
내세로 갈 수 있는 것이 행운일 것이다.

이생에서

1000년을 살 수 있는 것이 행운일까?

이생에서

삶보다 내세의 삶이 고통이라면

이생의 1000년이 행운일 것이다.

이생에서 삶보다

내세의 삶이 행복이라면

1000세까지 살면서 내세로 갈 수 없는 것이

불운일 것이다.

CHAPTER 25
우주미래학

자연과학은

우주의 신비를 걷어 내고 인식의 실체로 찾아 내어

신과 인간의 벽을 허물고 있으며,

생명공학의 기술로

생명의 신비 조차도 신의 관장 영역에서

인간의 영역으로 만들어 가고 있다.

우주과학을 통하여

빛의 속도를 제어하고 무한에너지를 사용하게 되고

무한한 지성적 능력을 가지게 되며

찰나에서 영겁까지 시간을 영위하게 되고

스스로 자신을 닮은 인조인간을 만들게 된다.

지구의 한계에서

사유의 날개를 펼쳤던 사상과 철학과 우주관은

새로운 관념적 인식을 찾아서 우주의 명상을 해야 한다.

우주시대를 영위하는 삶의 지평을 열어 가기 위하여

미래를 향한 학문적 고찰과 연구가 불가피하게 되었다.

지난 천년 동안 자연과학에 의한

물질문명의 발전은 신의 영역을 공유하기 시작했는데

정신문화는 중세철학과 사상을 답보하고 있어서

현실사회의 운영에 많은 갈등과 불합리가 발생하여

인류문명과 문화의 발전에 부조리가 발생하고 있으며

그 갈등의 골은 더욱 깊어 가고 있다.

지난 역사보다도

미래를 향한 인류의 역사는

기하급수적 속도로 빠르게 달려가며

더 엄청난 문명의 발전과 개혁이 진행되고 있다

이러한 미래의 개혁에 대비한 학문적 고찰을 위하여

우주미래학의 학문적 영역이 체계적으로 개발되어야 할 것이다.

우주인류학, 우주물리학, 우주화학, 우주자원학

미래철학, 미래생명학, 미래예술학, 미래사회학,

미래정치학, 미래종교학, 미래신학 등

이러한 우주와 인류의 미래를 향한
학문적 고찰에 대하여 관심을 가지고
과학문명의 급속한 발전과 균형 있는
인류미래의 문화가 발전하기를 희망한다.

2222년의 사색

초판 1쇄 인쇄	2022년 7월 1일
초판 1쇄 발행	2022년 7월 8일

저 자	이상준
발행인	김갑용

발행처	진한엠앤비
주 소	서울시 서대문구 독립문로 14길 66 205호(냉천동 260)
전 화	02) 364 - 8491
팩 스	02) 319 - 3537
홈페이지주소	http://www.jinhanbook.co.kr
등록번호	제25100-2016-000019호 (등록일자 : 1993년 05월 25일)
	ⓒ2022 jinhan M&B INC, Printed in Korea

디자인	토브기획(nlgh4250@naver.com)

ISBN	979-11-290-3100-6 (93800)	정 가	18,000원

이 책에 담긴 내용의 무단 전재 및 복제 행위를 금합니다.
잘못 만들어진 책자는 구입처에서 교환해 드립니다.